Romulus

Jacob Abbott

罗慕路斯

神话时代与罗马建城

全景插图版

[美]雅各布·阿伯特 著

公文慧 译

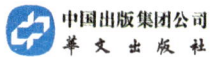

图书在版编目（CIP）数据

罗慕路斯/（美）雅各布·阿伯特（Jacob Abbott）著；公文慧译.—北京：华文出版社，2018.5
（美国国家图书馆珍藏名传）
ISBN 978-7-5075-4893-8

Ⅰ.①罗… Ⅱ.①雅… ②公… Ⅲ.①罗慕路斯（Romulus，约前771-约前717）—传记 Ⅳ.①K835.467=2

中国版本图书馆CIP数据核字(2018)第076967号

罗慕路斯

作　　者：[美] 雅各布·阿伯特
译　　者：公文慧
选题策划：盛世华章
插图供应：029—85504182
责任编辑：胡慧华
出版发行：华文出版社
社　　址：北京市西城区广外大街305号8区2号楼
邮政编码：100055
网　　址：http://www.hwcbs.com.cn
电　　话：总编室010—58336239　发行部010—58336267
　　　　　责任编辑010—58336197
经　　销：新华书店
印　　刷：北京画中画印刷有限公司
开　　本：880×1230　1/32
印　　张：8.25
字　　数：140千字
版　　次：2018年5月第1版
印　　次：2018年5月第1次印刷
标准书号：ISBN 978-7-5075-4893-8
定　　价：43.00元

版权所有　侵权必究

出版说明

《美国国家图书馆珍藏名传》共22册,作者是美国著名历史学家、教育家雅各布·阿伯特。他以独特的视角研究公元前7世纪到公元18世纪2500年的世界史,最后写出了这套影响深远的人物传记。读者能通过阅读这些风云人物,更好地理解那段历史、那段时光,这是我们出版这套书的最大良善。为更好地使读者全面了解该丛书,现作如下说明:

一、关于版本。据不完全统计,这套丛书的英文版多达上百个。其中,以哈伯兄弟出版公司于1904年出版的版本最具代表性和权威性。本丛书正是根据该版翻译而成,以保证版本的质量。

二、关于插图。这些人物距现代已经很久远了。读者可能会问:他们长什么样子?穿什么衣服?仗是如何打的?外交是如何谈的……为了让读者更形象地了解当时的历史，我们精心为各书选配了约百幅插图。这些插图包括但不限于油画和版画。我们希望，通过品味插图的艺术之美，读者获得一种不是穿越胜似穿越的强烈体验，从而更好地对当时的风土人情有更直观的体察。

三、关于注释。为了确保内容的正确性、权威性，版权方进行了大量的考证工作。考证的结果以注释的形式体现。另外，内文中很多涉及地图的地方，我们尽量尊重作者，尊重历史，保存原貌，如有出入，请读者认真分辨。

四、关于译者。本丛书由多所大学的一线英语老师及教授翻译而成。各位老师治学严谨，文笔优美，为确保丛书的质量奉献良多。在此，深表敬意。

尽管出版前我们做了许多工作，但不足之处实难避免，欢迎读者朋友多提宝贵意见。

译者序

本书作者是雅各布·阿伯特（1803—1879），他出生于美国缅因州哈罗威尔，19世纪美国著名的传记作家。他一生独著过180多部作品，与他人合著过31部作品，可谓多产。在这些作品中，最为著名的，非这套22册的《美国国家图书馆》珍藏名传丛书莫属，丛书脍炙人口，流传至今。《罗慕路斯》是丛书中的一册。

两千多年前，地中海北岸先后出现了两大文明。它们是希腊文明和罗马文明。现在，我只谈罗马文明。读者也许会问：罗马文明究竟是怎么来的？罗马人的始祖是谁呢？本书明确回答了这两个问题。

据作者考证，虽然神话时代的希腊是虚构的，但神话中传递的信息却在某种程度上是可信的。于是，从希腊神话出发，梳理各种材料，作者得出希腊文明的源头是波斯文明，罗马文明的源头是希腊文明。波斯的文字传入了希腊，希腊文明的曙光出现了。罗马文明与希腊文明是如何连接到一起的呢？要想搞清楚这个问题，就不得不读希腊神话。

希腊神话中有一个名人叫埃涅阿斯，他是神与人的后代。特洛伊战争中，特洛伊人中了木马计。很快，特洛伊城在大火中灰飞烟灭了。无可奈何之下，埃涅阿斯带着家人逃离了特洛伊。

他们乘船来到色雷斯。然而，虽然他们很想在这里永居，但天意不吉祥。为了保全生命，他们只得乘船远航，四处飘荡，多次遇险，历尽艰辛，最终抵达了台伯河口。

埃涅阿斯登陆后，妥善处理了与当地人的关系，慢慢站稳了脚跟。最后，他在这片崭新的土地上建立了国家。许多年过去了，罗慕路斯的时代到来了。

罗慕路斯的母亲是瑞亚·西尔维娅。瑞亚·西尔维娅是国王努米托之女。努米托是埃涅阿斯的后人。努米托之弟阿穆略发动政变，篡夺了王位。混乱之中，努米托不知所踪。瑞亚·西尔维娅被阿穆略封为维斯塔贞女，失去了自由。

意想不到的事情发生了，瑞亚·西尔维娅未婚先孕，并且生下一对双胞胎儿子。得到这个消息后，阿穆略勃然大怒，瑞亚·西尔维娅身陷囹圄，她的两个儿子要被秘密处死。

幸运的是，执行的人没有杀害两个可怜的婴儿，而是将他们置于木槽之中。木槽沿河而下，后来滚到沙滩上。一头母狼和一只啄木鸟守护着双生子。浮士德勒发现他们后，将他们抱回家，抚养他们长大。他们一个起名为罗慕路斯，另一个起名为瑞摩斯。

他们长大成人后，偶然获知了自己的真实身份，就起兵反抗，推翻了阿穆略的统治。之后，兄弟二人开始建造新城。新城建在哪里呢？罗慕路斯和瑞摩斯各持己见，互不退让。罗慕路斯一怒之下杀死了瑞摩斯。之后，新城的建造就顺利了。这座即将问世的新城就是罗马城。

罗马城建好后，罗慕路斯被拥戴为王。他制定了法律，建立了"等级分层制"，为罗马的崛起奠定了坚实的制度基础。

罗慕路斯心里明镜似的，家无妻不安，家不安则国乱。为了给罗马的年轻男子娶妻，他绞尽了脑汁。最后，无可奈何之下，他策划了著名的"萨宾少女被抢"事件。最后，他成功了。虽然罗马年轻人有妻子了，但抢妻的习俗形成了，并不断下传。

萨宾人大怒，就与罗马人大战。两军实力相当，多次激战，难分胜负。这时，萨宾少女急了。一边是她们的父兄，一边是她们的丈夫，手心手背都是肉。她们不希望亲人们在战争中死伤。于是，她们向罗马元老院请求，去调解矛盾，消除战争。在她们的斡旋下，萨宾人与罗马人握手言和，干戈化成了玉帛。

萨宾之战后，萨宾与罗马合并了。罗马进入共主时代。一位君主是代表罗马的罗慕路斯，另一位君主是代表萨宾的提多塔迪乌斯。一开始，他们友好相待，亲密无间。然而，随着在治国理念上分歧的产生，他们产生了不可调和的矛盾。后来，提多塔迪乌斯拉被维尼人诛杀。共主的时代结束了，独尊的时代到来。在罗慕路斯的治理下，罗马迅速崛起，疆域不断扩大。

罗慕路斯可谓一代雄主。遗憾的是，他的死亡竟然成谜。如果按照历史学家的推测，他是被罗马元老院谋害的，也就是死于非命，那就真真可怜、可悲了。

现在，请读者与我一起走进那个浪漫的神话时代，拨开神秘的面纱，去寻找历史的真相！

公文慧
于广州

原 序

一个人一生的历史，不管是什么原因引起了众人的关注，都会让不少作家，通过各种各样的方式，泼墨成章。有时，人们会好奇，为什么叙述一件事情，会有这么多互不相同的形式呢？面对的读者群不同，叙述形式也就各异。各个读者的观念、阅读的目的实在是相差甚远。美国有2000万人①，其中有200万人（多是25岁以下的年轻人）对深入了解影响古代世界和古历史的重要事件兴致盎然。不过，美国这片土地上的现代人，在思想观念方面，跟过去时代的人们存在很大的不同。因此，曾经出版过的图书就无法满足这些新读者的阅读需求了。故事必须让他们一读就懂。要讲述的内容，要亮

---

① 作者是19世纪的人，所以数据为美国19世纪的数据。——译者注

出的观点，要条分缕析讲清楚的要点，与从前的作家在自己所处的那个时代写成的书相比，都因为这些新读者的客观环境、观念和阅读目的之变化而不同。基于以上理由和观点，这套历史人物传记得以面世。作者把自己的观点与知识写成书，作为劳动成果献给读者，希望大家在阅读时有所收获。

目 录

第一章　卡德摩斯 ·· 001

卓越各有千秋——建城的人——罗马城的起源——朱庇特——地中海——意大利和希腊的过去与现在——古代的酋长——酋长的生活——希腊和古罗马的宗教——古代关于大自然的研究——研究目的——历史研究——古代的诗歌和神话——卡德摩斯——卡德摩斯的父亲阿革诺尔——欧罗巴——忒勒法——寻找欧罗巴——寻找未果——卡德摩斯定居希腊——卡德摩斯引入拼音字母——朱庇特爱上欧罗巴——朱庇特带走欧罗巴——朱庇特和欧罗巴在克里特岛——卡德摩斯的远行——卡德摩斯的历险——忒勒法之死——德尔菲神谕——卡德摩斯发现了向导——建城的地址选定——迪尔斯泉——龙牙——底比斯城——卡德米亚——古人对于故事真实性的看法——古人对于神话深信不疑——古人将神话用拼音文字记录下来

第二章　卡德摩斯引入拼音字母 ······························ 021

两种不同的书写方式——埃及象形文字——玛雅人的记录方式——象形符号的任意性——象形符号的优点——象形符号的含义更容易理解——两种书写方式的比较——拼音文字起源的不确定性——战争概念的两种表示方法——拼音书写的巨大优势——卡德摩斯的字母表——字母引入时遇到的困难——不同的书写方法——书写技艺在初期不常用——抽签的故事——其他例子——莎草纸的发明——卷——墨汁——赫库兰尼姆城遗址出土了墨汁——埃及象形文字的最新发现——埃及象形文字的例子——对符号的解读——摩西在埃及

第三章　埃涅阿斯 ………………………………… 041

埃涅阿斯的故事以口述的形式流传——埃涅阿斯之母——阿佛洛狄特的身世——阿佛洛狄特的神力——阿佛洛狄特的孩子厄洛斯和安忒洛斯——阿佛洛狄特来到奥林匹斯山——阿佛洛狄特爱上安喀塞斯——金苹果——帕里斯的裁定——阿佛洛狄特住在艾达山——阿佛洛狄特隐瞒身份——阿佛洛狄特离开了安喀塞斯——埃涅阿斯的童年——特洛伊战争——阿喀琉斯——埃涅阿斯参战——潘达洛斯——埃涅阿斯被母亲解救——阿佛洛狄特神奇的幔子——伊利斯护送阿佛洛狄特离开——埃涅阿斯和阿喀琉斯决斗——阿喀琉斯之盾——埃涅阿斯和阿喀琉斯慷慨演说——决斗开始——埃涅阿斯逃过一劫

第四章　特洛伊城毁灭 ……………………………… 059

希腊人停止围攻特洛伊城——洛伊人观察到的敌情——木马及其大概的尺寸——关于木马的不同处理意见——战俘的突然出现——西农的不幸境遇——西农讲述希腊人撤离的原因——希腊人要用西农献祭——西农逃跑——普里阿摩斯安慰西农——西农对木马的描述——西农的话产生的影响——巨蟒和拉奥孔——拉奥孔雕像——雕像的历史——雕像珍藏在梵蒂冈——拉奥孔之死对特

洛伊人产生的影响——特洛伊人把木马运进城——木马里的希腊士兵——埃涅阿斯被喧嚣吵醒——埃涅阿斯碰到潘瑟斯——方寸大乱的潘瑟斯——龟背车——特洛伊城被洗劫一空——神坛边的普里阿摩斯和赫卡柏——普里阿摩斯之死——特洛伊人绝望了

第五章　埃涅阿斯一家逃离特洛伊 …………………… 079

埃涅阿斯的深思——埃涅阿斯决定回家——途遇海伦公主——埃涅阿斯想杀了海伦公主——阿佛洛狄特出现——阿佛洛狄特的话——阿佛洛狄特大显神通——埃涅阿斯回到家——安喀塞斯的决定——克瑞乌萨的请求——逃离特洛伊的计划——狮子皮——家神雕像——克瑞乌萨不见了——埃涅阿斯回去寻找克瑞乌萨埃——埃涅阿斯发现房子被烧毁——克瑞乌萨的灵魂——克瑞乌萨的预言——克瑞乌萨和丈夫告别——埃涅阿斯的船队——埃涅阿斯的队伍不断壮大——流血的桃金娘——桃金娘说话了——波吕多洛斯——埃涅阿斯离开色雷斯——惊险旅途——埃涅阿斯打算在克里特岛定居——灾难来临——埃涅阿斯的困惑——安喀塞斯的建议——家神对埃涅阿斯说的话——哈比——独眼巨人——波吕文摩斯——埃涅阿斯故事的评论

第六章　抵达拉丁姆 …………………………………… 101

拉丁姆是埃涅阿斯的登陆之地——台伯河口船遭焚毁——当时的意大利——献祭——拉丁姆国王拉丁努斯——埃涅阿斯派出使团——使团抵达都城——国王接见使团——使者对国王拉丁努斯说的话——拉丁努斯同意埃涅阿斯的请求——拉维妮娅和图努斯——图努斯愤然离去——拉丁努斯划给特洛伊人的土

地——西尔维娅的牡鹿——阿斯卡尼俄斯射中牡鹿——西尔维娅兄弟们的怨愤——矛盾突然爆发——阿尔蒙之死——群情激愤——作战的准备——拉丁努斯渴望和平——图努斯反对议和——图努斯与埃涅阿斯决斗——决斗的结果——埃涅阿斯大婚——埃涅阿斯在努米克尤斯河溺亡

第七章　瑞亚·西尔维娅 ………………………………… 117

瑞亚·西尔维娅——贞女祭司的祭礼——古代的"火芯"——火炉的摆放——祭礼的本质——维斯塔贞女祭司——维斯塔贞女的职责——违背誓言的维斯塔贞女会受到严惩——维斯塔贞女制度的影响——维斯塔贞女候选人的资格——圣火——王位继承的问题——希尔维名字的由来——阿斯卡尼俄斯的经历——他与莫增提乌斯的战争——特洛伊人胜利——王国事务的解决——拉维妮娅被唤回——阿尔巴隆加的建立——阿尔巴隆加的位置——阿斯卡尼俄斯的继承人——阿拉迪乌斯和他的闪电——阿拉迪乌斯之死——努米托和阿穆略——努米托和阿穆略的性格特点——父亲权力的划分——努米托没有抵抗——瑞亚成为维斯塔贞女——意想不到的事情发生了

第八章　双生子 …………………………………………… 137

阿尔巴隆加城的马尔斯神殿——马尔斯神殿的位置——瑞亚·西尔维娅的过失——瑞亚·西尔维娅的辩词——瑞亚·西尔维亚未婚先孕——瑞亚·西尔维亚的儿子出生——阿穆略的怒火——瑞亚·西尔维亚身陷囹圄——浮士德勒的计划——浮士德勒制作的木槽——孩子被抛到沙滩上——狼——啄木鸟——浮

士德勒救的孩子——浮士德勒带孩子回家——罗慕路斯和瑞摩斯的教育——罗慕路斯和瑞摩斯的秉性——罗慕路斯和瑞摩斯的慷慨和勇敢——牧民之间的争执——瑞摩斯突然被囚——在努米托面前的瑞摩斯和在阿穆略面前的瑞摩斯——瑞摩斯讲述自己的身世——努米托得知真相——罗慕路斯制定讨伐计划——浮士德勒和木槽——浮士德勒停在城门口——浮士德勒紧张不安——阿穆略害怕——罗慕路斯攻城——城破——阿穆略被杀

第九章 | 罗马城建立 ·················· 157

召集阿尔巴隆加城的百姓——努米托对百姓讲的话——罗慕路斯和瑞摩斯公开亮相——计划建造一座新城——努米托会给予必要的帮助——很多人参与新城的建设——罗马七丘——帕拉坦丘——罗慕路斯和瑞摩斯的分歧——在阿瓦丁丘建城的优势——罗慕路斯和瑞摩斯不相上下——双方都不让步——罗慕路斯和瑞摩斯来见努米托——努米托的建议——亚平宁山上的秃鹫——秃鹫的使命——秃鹫的本领——占卜——罗慕路斯和瑞摩斯观鹫——占卜的结果——新的分歧出现——公开的冲突——浮士德勒被杀——罗慕路斯获胜——开始建城——波米里姆——罗慕路斯划定的波米里姆——瑞摩斯之死——罗慕路斯追悔莫及——"驱魂灵"的风俗——关于"驱魂灵"仪式的描述——黑豆——瑞摩斯死后的罗马——塞勒尔的故事——人们对这个故事的理解

第十章 | 治理罗马城 ·················· 177

罗慕路斯开建罗马城的确切年份——马库斯·英伦休斯·瓦罗——反向推算——

科罗布斯参加奥林匹克运动会——奥林匹克运动会举办的时间——罗慕路斯的罗马城简陋、古朴——罗慕路斯决定拥有自己的王国——罗慕路斯的演说——罗慕路斯称王——神认可的预兆出现了——治理百姓——组建社会基本结构——罗马的制度是后来发展起来的——等级分层制——平民阶层与贵族阶层——罗慕路斯制定法律

第十一章 罗马人抢妻 ················· 191

萨宾少女被抢——罗马城的居民多数是男性——男人有妻很重要——罗慕路斯向邻国派遣使者——侮辱性的答复——罗马人的怒火——现海神尼普顿的圣坛——罗慕路斯的计谋——准备庆典——竞技、游戏和表演——许多人来庙会——庆典持续了几周——庆典的最后一天——罗慕路斯的信号——罗马人兴奋激动——最后的准备——时机来临——少女们被抢——男人们逃走——插曲——为塔拉西索抢的少女——"塔拉西索"成为一句祝福的话——少女的父兄们勃然大怒——被抢的少女聚集在一起——罗慕路斯的讲话——少女们默许了——库里斯——萨宾使者要求罗马人释放被抢的少女——罗慕路斯拒绝释放

第十二章 萨宾之战 ················· 209

阿克隆——凯尼纳——凯尼纳距罗马很近——阿克隆仇视罗马——阿克隆的计划——罗慕路斯与阿克隆决斗——观战者的猜测——罗慕路斯取胜——战果——对后来罗马外交的影响——战利品——罗马人的第一次胜利——吞并克鲁斯图美伦和安登奈——召集克鲁斯图美伦和安登奈两城被抢的少女——罗慕路斯的讲话——罗慕路斯的承诺——罗慕路斯的包容——罗马城势力大增——

萨宾人的复仇计划——萨宾人备战——提多塔迪乌斯-——罗马人备战——最终的谈判——罗马的牧民——凯帕托林山上的要塞——塔尔皮亚——马尔斯广场——塔尔皮亚与萨宾士兵的协议——萨宾人被放入城——尔皮亚被杀——两军在交战——休战——新的战斗——罗慕路斯遇险——库尔修斯与湖——萨宾少女的痛苦——艾尔西莉的计划——萨宾少女进入元老院——萨宾少女的请求——艾尔西莉泣诉——萨宾人与罗马人化干戈为玉帛

第十三章 | 罗慕路斯死亡之谜 ······ 227

罗慕路斯与提多塔迪乌斯共同统治——罗马广场——罗马城发展壮大——卡梅莉亚——罗慕路斯与提多塔迪乌斯的分歧——萨宾士兵抢掠拉维尼——拉维尼使者被杀——罗慕路斯与提多塔迪乌斯来拉维尼赔罪——提多塔迪乌斯被杀——罗慕路斯再次成为唯一的统治者——罗慕路斯之死——谣言四起——普洛库鲁斯——罗慕路斯的灵魂——真相不得而知——过渡期——新君

附 录 | 专有名词英汉对照 ······ 239

第一章

卡德摩斯

精彩看点

卓越各有千秋——建城的人——罗马城的起源——朱庇特——地中海——意大利和希腊的过去与现在——古代的酋长——酋长的生活——希腊和古罗马的宗教——古代关于大自然的研究——研究目的——历史研究——古代的诗歌和神话——卡德摩斯——卡德摩斯的父亲阿革诺尔——欧罗巴——忒勒法——寻找欧罗巴——寻找未果——卡德摩斯定居希腊——卡德摩斯引入拼音字母——朱庇特爱上欧罗巴——朱庇特带走欧罗巴——朱庇特和欧罗巴在克里特岛——卡德摩斯的远行——卡德摩斯的历险——忒勒法之死——德尔菲神谕——卡德摩斯发现了向导——建城的地址选定——迪尔斯泉——龙牙——底比斯城——卡德米亚——古人对于故事真实性的看法——古人对于神话深信不疑——古人将神话用拼音文字记录下来

第一章 卡德摩斯

在人类历史的长河中，有些人因其在事业生涯中展现出的卓越才干闻名于世，有些人因其行为彰显的崇高品德流芳百世。还有一些人，尽管他们自身并未成就任何丰功伟绩，但他们的所作所为却对历史的发展产生了巨大影响，因此也广为人知。对于最后这类人，与其说他们伟大不如说他们夺目。与那些同样受到赞誉的成千上万的历史人物相比，这类人更加引人注目，因为他们当时所处的位置以及所做的选择都对历史发展的进程产生了深远影响。

名人罗慕路斯似乎就属于后者。他建造了一座城。其他很多人也建造了城，而且在建造过程中显现出同罗慕路斯一样的勇气、智慧以及意志。但是，罗慕路斯所建之城最终成为世界文明的中心。罗马城建成之后，其影响力远播四方，其权力日益增大，其优势久久不可撼

罗慕路斯

动。二十个世纪已经过去了,当今世界西方的文明国家对罗马历史深感兴趣,并且经常怀揣着特别的好奇去遐想它最初的样子。因此,尽管罗慕路斯在他那个时代没有做出特别的功绩;相较于那些地位与他不相上下、处于半开化状态、名字早被遗忘的酋长,他也没有任何优势;甚至很有可能他根本就没有想到自己会获得盛名,但后来历史的发展还是强烈地凸显出他当时的地位和所作所为是那么关键。就这样,他的鼎鼎大名以及生平事迹受到人们的广泛关注。

罗马历史通常都以朱庇特[①]的故事为开端。为了使读者能够理解传说的作用,那么提前描绘一下当时的社会状况以及早期盛行的怪诞故事的特点就显得很有必要。正因为有这种怪诞的故事,所以当写作的技艺后来传入时,博学之士才得以编制、记录所谓的历史。

和现在的海滨城市一样,古地中海的海滨城市风景是那么美丽,土地是那么富饶,人口是那么稠密。那时的意大利和希腊就在现在的位置。同一片蔚蓝的大海,同一座壮美山川。海岸的风光还是那般迷人,山谷的景致依旧那么秀美。在同一片宁静宜人的天空下,彼时辛

---

① 朱庇特是罗马神话中的主神。——译者注

第一章 卡德摩斯

勤的人们和如今勤劳的现代农民一样，耕耘着这片土地；那时的牧羊人和牧民也会捕猎野生动物，也会在山坡上放牧牛羊。总而言之，两千多年前的地中海岸的自然风貌和社会形态，即依靠人工畜养动物、种植植物来供给人们的吃穿用度的社会生产方式，本质上都和现今相似；甚至是那时的栖息环境所孕育的动植物也没有发生任何质的改变。那时的牛羊马以及葡萄、苹果和谷物也和现在的相差无几。

然而，如果既不考虑社会的低贱阶层，也不考虑职业状况，而是把注意力转到那些能够代表古今不同时期的有教养、有志趣、有本领的人身上，我们就会发现古今几乎没有任何差别。和现在一样，那个时代也是贵族阶层统治着向往和平的农民和牧民这一广大的群体，但是这个阶层人们的品性、爱好、想法以及从事的职业都与现代欧洲那些行使政府特权的贵族阶级完全不同。古代的贵族是军事首领，他们都住在为自己和追随者所建造的城堡里，而且那时的贵族并非没有开化的野蛮人，相反他们在一定程度上可以说是文明雅士。他们把演说家、诗人、政治家以及各级官员召进自己的城堡。这些人在能力、才华以及志趣方面颇为相似，而且在某些领域还拥有同样的技能。可以说，这些人在任何时代、任何社会里都代表了高加索人种①中的上层阶级。他们传承了所有的艺术形式。与此同时，这些艺术形式也是他们追求高度完美的一种必要需求。在创作那些用于消遣和宴会的故事、民谣和诗歌的过程中，让人艳羡的艺术出现了。这种艺术摆脱了规则的操纵和影响，源于本能的反应，至今仍未被超越。事实上，按照时间顺序来说，那些早期的创作绝不是在规则约束下出现的，而是早于规则而存在。其实，规则源于作品，是在人的价值评判中建立起来的范式。正是在这种范式的权威约束下，修辞和诗意的美丽才能大体保存至今。

那时的人们还没有精神世界或是精神灵性的概念。但他们想象着那些时代更久远的、存在于美丽的蓝色山巅的英雄人物仍然生活在那里。这些英雄人物统治着那些尚未世俗化的地区。因此，这些地区被赋予了神性。那些想象力丰富的人还把大地、空气、大海和天空幻化为虚构的人。这些虚构的人大多外形优雅美丽，且无所不能。然后，人们将这些虚构的人塑造成许多神话的主人公，而且这些主人公和虚构的人一样优雅美丽、无所不能。人们将每一处树丛、喷泉、溪水，山峦中每一处

---

① 高加索人种（Caucasian race），也就是白色人种。——译者注

第一章 卡德摩斯

高耸的山峰、岩石,海岸边的每一处洞穴、悬崖和瀑布,都幻化为虚构的人,而这些人都是所在地的守护神。于是,凡是引人注目的自然风景都成了某个生动而浪漫神话的主人公。总而言之,那时的人们还不能像现代人这样通过探索自然来发现和记录客观事实,而是借助想象力和超自然力来崇拜自然,使之富有活力,并尽量用美好的生活和行为来给大自然填充色彩。

古人把这种用于大自然的想象力和浪漫情怀,同样用于历史领域。那时的人们研究历史,并非基于严肃、真实的史料。他们只是有选择地抽一些史料,去点缀、修饰超自然的美妙生活,并使之散发活力。严肃的历史事实到底是什么?他们要么对此完全不感兴趣,要么认为它们无足轻重。那时不像现在一样,有专门的学者在图书馆里谋一份稳定的工作,然后孜孜不倦、乐此不彼地研究历史。事实上,那个年代没有退休的概念,不存在隐居,也没有所谓的研究活动。除了辛劳的日常耕作外,那时的所有活动都和战争、演习以及阅兵直接相关;而唯一能用到类似于现代历史研究的学术能力的地方就是诗歌、戏剧和神话的创作与吟诵,以此来娱乐那些为了看表演和游戏,或者为了举行重大宗教仪式而集聚在营地或广场的士兵们。当然,在这种情况下,人们从事学术活动的最终目的是消遣娱乐，而不是探究真理。毕竟对当时而言，用于娱乐消遣的民间故事和神话传说比客观真理更具实用性。

显然，我们所描述的这种用于消遣的神话，如果基于一定的事实展开，并且故事的发生地正好与当地有关的话，那么它们更能引起读者的兴趣。当一位君主与王室成员坐在宫殿或者帐篷的桌子旁，近距离地参加一场盛宴时，他们会更愿意听到那些描述自己祖先英勇事迹或是奇妙的冒险经历的故事，而不是那种纯粹虚构的故事。因此，故事的创作者就会倾向于选择这样的人物作为故事的主人公。在讲述时，他们已经对真实事件进行了加工润色，而非完全臆造。因此，这些主人公都是真实的历史人物，而且主人公的主要作为都有真实依据，就连故事中提到的地方也能在现实生活中找到。这样一来，故事的真实性就接近历史事实了，而这一点也极大地增加了人们对这些故事的兴趣。当时的人们还无法界定历史事实。因此，这种通过虚构或者创设未有之物的方法来创作故事就很常见。

卡德摩斯是一位探险家。据说，他将拼音文字从遥远的东方带到希腊。在谈论文字起源的时候，我们用他的故事来阐述再贴切不过了。现代人对于拼音文字传播

第一章 卡德摩斯

的真实性非常感兴趣。用拼音字母进行写作是一项特别伟大的发明，自从这种文字被引入罗马，它就开始对这里的人们的生产生活和社会发展产生巨大影响。在这种情况下，所有与拼音字母写作技艺的起源有关的事件，不免引发人们的浓厚兴趣。如果现在可以确定第一次用字母符号代替声音是在何种情况下发生的，然后找出第一个想到这种办法的人，并弄清他是在何种情形下进行了这种尝试，在这一过程中他遇到了何种困难，他第一次运用这种方法的目的何在，以及它最终导致的结果是什么，那么追寻这件事情的真相，世人又有几个不感兴趣呢？然而，这件事是否"真实"又是人们关注的焦点。这就意味着，如果此时有一位浪漫主义作家编造出一个关于写作缘起的故事，那么无论这个故事的细节安排多么巧妙、多么有趣，都不足以引起学界的关注。

事实上，尽管有记载表明拼音字母起源于亚洲，然后在某些情形下传入欧洲，但目前尚不存在拼音字母传入的任何确切记录。因此接下来，我们会首先以一种简单的方式列出事实，然后再给出经古代的故事讲述者润色之后的叙述。

正如现在人们普遍认知的那样，故事开始于公元1500年前的非洲，有一个国王名叫阿革诺尔。他有一个女儿名叫欧罗巴,他还有几个儿子,其中一个儿子叫卡德摩斯。欧罗巴是一个非常漂亮的女孩。在之后的某一天,一位冒险家①从地中海北部的某个地方来到非洲,他看见欧罗巴之后非常开心,于是下定决心要娶她为妻。但他不敢公开向她求婚,于是乔装打扮一番后,他混入了阿革诺尔农场的仆人中间。很快,他就和欧罗巴结识,并说服欧罗巴和他私奔。于是,这对恋人穿过地中海逃往一个叫克里特的小岛上,从此一起生活在那里。

当阿革诺尔发现女儿欺骗了他并且已经离他而去的时候,这位父亲非常愤怒,于是他派卡德摩斯和他的兄弟们去寻找欧罗巴。欧罗巴的母亲忒勒法虽然没有丈夫阿革诺尔那般愤怒,但是也非常伤心。因此,她决定和儿子们一起去寻找。她告别了丈夫和亲人,与卡德摩斯和其他儿子一起踏上寻亲的征程。阿革诺尔告诉他的儿子们,如果带不回欧罗巴,就不准回家。

卡德摩斯与母亲和兄弟几人沿着地中海东岸一路向北行进,沿途不断打听欧罗巴的下落。他们穿过叙利亚、腓尼基,然后进入小亚细亚②,又从小亚细亚进入希腊。

---

① 指下文的朱庇特。——译者注
② 大致相当于今土耳其亚洲部分。——译者注

第一章 卡德摩斯

最后,忒勒法精疲力尽,也许是由于舟车劳顿,也许是由于寻找未果,伤心过度,她竟不幸离世。卡德摩斯和他的兄弟很快也变得灰心丧气。他们厌倦了这样的寻人之旅,但又想到父亲的命令——找不到欧罗巴不准回家,于是他们决定定居希腊。然而,为了在那里立足,他们不断进行斗争,先是与巨兽作战,然后是与当地人作战。那些与他们作战的人仿佛是从地下涌出来的泉水,源源不断。最后他们想出一个主意——离间敌人,让敌人内讧,然后趁机拥护其中一方共同攻击另一方,从而获得在希腊的永久居住权。最终,卡德摩斯在希腊建了一座城,叫底比斯。

在确立底比斯城的组织机构和管理制度的时候,卡德摩斯引进了一些技艺。这些技艺对当地百姓都是新鲜的。其中一项技艺就是铜的使用。他告诉百姓们,这种金属是从矿山上开采下来的矿石中提取的。他还引进了其他一些新事物。其中最重要的一项就是他教人们认识表达基本声音的 16 个字母。只要掌握这些字母的使用,人们就能把铭文刻在纪念碑、金属板或石碑上。

但这既不意味着用字母符号代替声音的想法是卡德摩斯提出来的,也不意味着卡德摩斯发明了这些字母。毫无疑问,他是将拼音字母引入了底比斯的人,但拼音字母到底是源于埃及还是腓尼基，就不得而知了。

以上就是人们通常所了解和相信的历史事实。现在，我们把这种简单的事实，跟神话中的浪漫故事做一个比较。故事的内容如下：

朱庇特是一位王子。他生于克里特岛的艾达山顶，也在那里长大。他的父亲名叫萨图恩。萨图恩曾与人达成约定，一旦妻子诞下儿子，就将儿子杀死。他之所以想杀子，是因为他想让弟弟继续统治克里特岛，不想让儿子统治。

然而，朱庇特的母亲非常不愿意看到自己的儿子一出生就被杀死。于是，为了让三个儿子活着，她就将他们藏了起来。这三个孩子由仙女照顾，由一只山羊喂养，在穷乡僻壤长大。长大后，他们时不时参加各种战争，体验着各种奇妙的冒险。最后，他们中最年长的朱庇特令人在埃特纳火山和维苏威火山下的洞穴里，为他铸造了武器——雷电。凭借这个武器，朱庇特打败了所有的敌人，最后做了宇宙之王。然后，他分封两个弟，让他们去作海之主和地之主，而他自己则作天之主。

朱庇特在希腊北部建造了自己的宫殿，但是他经常乔装成各种不同的样子在天地间来回远足游玩，经历了很多奇怪而美妙的冒险。在这些冒险中，一天他发现自

第一章 卡德摩斯

己来到了阿革诺尔的领地。正是在那里，他看见了阿革诺尔美丽的女儿欧罗巴，然后立即决定要让她成为自己的新娘。为了实现这一愿望，他化作一头非常健壮且体态俊美的公牛，然后混入阿革诺尔的牛群之中。欧罗巴很快就注意到它。她对它俊美的体态特别满意，然后发现它的性情温顺友好，于是走近它，用手轻轻地拍打它油光闪闪的脖颈和侧身，还用其他方式表达她的赞美和喜欢。朱庇特特别满足。最后，朱庇特施了一点神奇的力量，诱使她上了牛背，然后驮着她走了。这头牛驮着她跑到海边，然后一头扎进大海里。游到克里特岛后，朱庇特变回原来的样子，然后娶欧罗巴为妻。

欧罗巴的父亲阿革诺尔和母亲忒勒法发现自己的女儿不见了，极其悲痛。于是，阿革诺尔立即决定派自己的儿子去寻找女儿的下落。他的儿子们分别是卡德摩斯、菲尼克斯、基立克斯、赛色斯和菲纽斯。此次远行由长子卡德摩斯全权负责。母亲忒勒法深受痛失爱女的折磨，悲伤不已，就决定与儿子们同去。阿革诺尔烦恼不已，不知所措。他命令儿子们一定要把欧罗巴带回来，否则不许回家。

忒勒法和她的儿子们在地中海东部的几个国家寻找了一段时间，但是没能找到欧罗巴的任何音信。最后，

朱庇特化作公牛,驮起了欧罗巴,让-弗朗索瓦·德·特鲁瓦,(Jean François de Troy, 1679—1752) 绘于 1716 年

朱庇特驮着欧罗巴狂奔而去,伦勃朗·马尔曼松·里因(Rembrandt Harmenszoon van Rijn, 1606—1669)绘于1632年

他们穿过小亚细亚,从小亚细亚进入爱琴海北部的色雷斯。在这些国家,阿革诺尔的儿子们没有打听到妹妹的任何消息,变得非常沮丧,他们决定不再继续寻找了。而忒勒法也因为焦虑而身心俱疲。她万念俱灰,不幸死去。

母亲的过世沉重地打击了卡德摩斯和他的兄弟们。他们按照符合母亲地位的规格为她举行了葬礼,然后将她埋葬。接着,卡德摩斯赶赴德尔菲寻求神谕。德尔菲位于希腊北部,离色雷斯很近。卡德摩斯希望神谕能够启示他,他是否还能做点什么来寻找妹妹,或者他应该走哪条路去寻找。神谕的回复是,不要再寻找妹妹了,而是应该把全部的注意力转移到在希腊建立一个自己的家和王国;为了实现这个目标,他需要按照神谕指示的方向行进,直到见到神谕所描述的那种奶牛才能停下脚步,然后要一直跟着奶牛,直到奶牛累得停下来躺下。而奶牛躺下的地方正是他的建城之地。

卡德摩斯选择遵守神谕。他离开了德尔菲,在一些同伴和追随者陪同下继续前进。最后,他在一个叫珀拉工的人的畜群里发现了一头符合神谕描述的奶牛。他把这头奶牛作为向导。奶牛去到哪里他就跟到哪里。奶牛领着卡德摩斯向东南走了三四十英里。接着,奶牛显然

第一章 卡德摩斯

走累了，躺了下来。卡德摩斯立刻意识到，这里就是他建城的地方。

他立即着手安排建城的相关事宜，但在这之前，他决定把为他作向导的这头奶牛祭献给守护女神密涅瓦。

奶牛躺下的地方附近有一条小溪流过。溪水源自不远处的迪尔斯泉。卡德摩斯派人去迪尔斯泉取一些泉水，以供献祭仪式上用。然而，谁也没想到迪尔斯泉是圣泉，专门供奉战神马尔斯，并且由一条巨龙守护。这条巨龙正是马尔斯的一个儿子。卡德摩斯派去的人一直没有回来。等了一段时间后，卡德摩斯决定亲自去迪尔斯泉那里看看究竟为何取水会这么慢。他到了那里，看到巨龙已经杀死了他的人，此刻正在贪婪地吞噬着他们的尸体。卡德摩斯立即发起攻击，很快杀死了巨龙，然后把它的牙齿从嘴里拔出来作为胜利纪念品。女神密涅瓦暗中帮助卡德摩斯打赢了这场战斗。战斗结束后，她指示卡德摩斯把巨龙的牙齿种在地里。卡德摩斯照做了。突然，很多全副武装的勇士如雨后春笋般从他播种的土地里冒出来。卡德摩斯扔了一块石头到这些人中间。这些人立即开始了殊死搏斗。最后只剩下五个人，其余都死了。这五个人加入了卡德摩斯，帮助他建城。

在这之后，卡德摩斯建城进展顺利。他所建之城叫

巨龙杀死了卡德摩斯派去的人,卡德摩斯怒杀巨龙。亨德里克·霍尔奇尼斯(Hendrick Goltzius, 1558—1617)绘

卡德摩斯击杀巨龙,拔出龙牙。在女神密涅瓦指示下,他将龙牙撒在地上,只见无数的勇士冒了出来,进行殊死搏斗。彼得·保罗·鲁宾斯(Peter Paul Rubens, 1577—1640)绘

底比斯。后来,底比斯闻名遐迩。他还在城里建造了宫殿,命名为"卡德米亚",与他的名字同源。

以上这些就是与古代神话有关的故事。很明显,创作这些故事的目的就是想让听众开心,因为听众的需求是消遣娱乐而不是学习知识。那时的听众对故事的真实性深信不疑,而这种信任自然极大地激发了他们听故事的兴趣。虽然我们明知这些故事主要是供人消遣的,但是我们却不可能像古代听众那样带着感情去听。因为我们知道现实就是现实。在现代,表演这些神话故事的演员已经引不起人们的兴趣了,因为历史知识已经很普及了,所以任何一个观众都能判断出这些故事不可能是真实的。但对创作欧罗巴故事的人来说,他们不知地中海有多宽,所以也不可能知道一头公牛能否游过去。他们不知道那条巨龙是不是马尔斯之子,也不知道龙牙种到地里是否会冒出全副武装的勇士。但当时的人们仍然虔诚地倾听这些故事。不管是在营火旁,在筵席上,在旅途中,在看顾畜群的午夜,还是在人迹罕至的山地,这些故事不断被讲述,代代相传。最后,随着卡德摩斯引入的字母符号变得越来越方便,这些得以永久地记录下来。于是,我们现在读到的故事与当时的版本相差无几。

第二章

卡德摩斯引入拼音字母

精彩看点

两种不同的书写方式——埃及象形文字——玛雅人的记录方式——象形符号的任意性——象形符号的优点——象形符号的含义更容易理解——两种书写方式的比较——拼音文字起源的不确定性——战争概念的两种表示方法——拼音书写的巨大优势——卡德摩斯的字母表——字母引入时遇到的困难——不同的书写方法——书写技艺在初期不常用——抽签的故事——其他例子——莎草纸的发明——卷——墨汁——赫库兰尼姆城遗址出土了墨汁——埃及象形文字的最新发现——埃及象形文字的例子——对符号的解读——摩西在埃及

第二章 卡德摩斯引入拼音字母

在当时的社会里，人们沟通思想、交流观点主要依靠铭文。铭文有两种截然不同的书写方式，一种是符号，另一种是拼音字母。这两种书写方式通过一般特性来区分。实际上，每种书写方式的表现形式多种多样，各不相同，我们之后会专门谈到这一点。

符号是通过形象而不是通过词语来表达某种思想或指示某个事物。举一个特别生动的例子来说明符号这种书写方式。在教堂的建筑装饰中，人们经常能看到的某种代表神的形象。它通常是代表圣父圣子圣灵三位一体的三角形，三角形的中间有一只眼睛，象征神的全知全能。这样的形象所传达的显然是某种思想而不是某个词。人们可能习惯用耶和华、上帝、神或其他指代至高无上全能者的词或词语来尊称该形象。

从古至今，各民族最初用铭文记录史实时都用这样的符号。一开始，因为雕刻技艺拙劣，所以这种用来呈现整个场景的铭文的雕刻非常严格。随着时间的推移，人们开始用其他替代物取代这种全景呈现。最终，形象符号书写演化为象形符号书写。在象形符号中，有些符号是固定的，有些是任意的，但它们指代的都是某种思想或事物，而非词语。人们通常称这些符号为"象形文字"（hieroglyphics）。但是从严格意义上说，"象形文字"这个词不能算作具备辨识性的符号，因为当今的人们已经确定很大一部分象形文字其实是属于我们在这里讨论的第二类，也就是说，它们大多代表的是词的音节，而不是某种思想或事物。

在古代的象形符号系统中，有些情况下人们所选用的符号与它所指代的东西的形状有一些天然的相似性，而有些符号则完全随意。比如，一个狮子状的权杖意指"国王的权力"；两名武士，其中一个手拿盾牌，另一个手持弓箭靠近前者，意指"战斗"。实际上，直到今天，我们依然会在地图上标记类似于我们提到的后面这种符号来表示战争。

古代玛雅人的书写符号就是象形符号，而且其中大部分都指代物。人们会用一棵树、一件生产工具或是其他一些简单的物件来分别代表"城"，这样就很容易区分了。譬如,在他们的铭文当中,有一个代表国王的符号,这个符号前有四个头颅,每个头颅上都标有我们上面讲到的"城"的符号。该铭文意指,在某一场骚乱或暴动,国王使这四个城的首领身首异处。

在象形符号系统中,尽管很多思想和事物都可以用那些和所指或多或少有些相似性的符号来呈现,但在很多情况下,符号的选用是非常随意的。譬如,通常指代美元的符号$,它常常作为一个前缀放在数字前面表示钱。这个符号就属于象形符号,也就是说,它意指某种事物而不是一个词语。数字1,2,3……某种程度上也属于象形符号,也就是说,它们意指数字本身,而不是数字所代表的词语的声音。因此,尽管欧洲不同国家的人对于数字的理解是相似的,但他们的读法却各不相同。英国人、西班牙人、德国人和意大利人读的时候发声都不一样。

这种象形符号书写系统有一些不容忽视的优点。它直截了当,而且比词语传达的意义更丰满。尽管在某些方面它表达的象征意义可能含糊不清,但在其他方面就不会这样。譬如,在一份报纸的广告栏里,一张房子、轮船或机车发动机的简单图片就是一种象形符号。它比任何字母组合都更清楚更直白更迅速地传达出其意义,使人们一目了然地知道下面是一则关于房屋、船或者铁路的广告。同样，古代刻在纪念碑和具有纪念意义的石柱上的符号也比文字更容易向路人展示君主参加的某次战斗、发起的某次战争，某次战役期间的行军路线图以及君主的丰功伟绩等。

象形符号书写系统的另个一优点是，符号的含义比文字更容易解释和记忆。在任何一种语言中，认字既耗时又费力。一般说来，这种学习必须紧紧着眼生活，否则永远学不会。因此，如果玛雅纪念碑上记录国王镇压叛乱并砍下四个首领的头颅的符号用文字来呈现，那么这个国家的普通民众就很难理解这些信息。如果制作铭文的雕刻家向公众逐字解释这些铭文内容，那么他还没讲到结尾，就忘记了前面的内容，也就是说，他们永远都无法把自己学到的东西传播给其他人。然而，雕刻家在国王的符号之前画了四个头，每个头都有一个与之相匹配的"城"的符号。于是，这些符号就成为信息的聚合，使人一看就懂。哪怕是最蒙昧的未开化之人，也很容易理解其中的含义。一旦他们理解了，他们就再也不会忘记，而且他们还可以毫不费力地把这些信息完整地解释给像他们一样蒙昧的人。

乍一看，符号书写体系貌似要比我们现在使用的书

象形符号系统的拓片

写体系更简单，因为在符号书写体系中每个想法或者事物都能用单独的符号来表示，而在我们现在使用的书写体系中，有时一个词就要用到许多字母，甚至多达8个或10个字母，并且这个词只代表一种事物或一个想法。虽然符号书写的简易性特别明显，但一旦广泛投入使用，就会变得极其复杂和难以理解。固然每种观点都只需要一个符号就可以表示出来，但把观点谈清楚，把事物说明白，就需要许多符号，而这些符号之间又少不了连接性的符号。于是，这些符号很快就"迷失"在各种错综复杂的细节里。同理，用符号制作的铭文更容易理解和传达的优势也不复存在，因为如果没有人解释、说明，铭文是难以理解的。铭文一经解释，就很容易理解和记忆，但如果铭文表达的是全新的内容，那么人们理解起来就会非常困难。因此，符号书写体系只适用于交流已有的知识，而不适用于交流新知识。

　　下面我们来看看第二种书写方式——拼音。自卡德摩斯把拼音字母引入希腊，迄今为止，欧洲的所有国家几乎都采用了。拼音（phonetic）一词源于希腊一个指示声音的词。拼音字母并不直接指代物体本身，而是指代发声。譬如，用两种不同的书写方式描述一下两军作战的场景，一种会用到"交叉的剑"这种符号，另一种会用到战争（battle）一词。这两种都属于铭文的记录方式。第一种是用剑柄（handle）指代战争。第二种 battle 一词的首字母 b 代表双唇的挤压，该字母引导我们来发 battle 一词的音。因此，一种代表符号（symbolical），另一种代表拼音（phonetic）。

　　正如上面这个简单的例子所表明的那样，我们在这里讨论的两种书写方式，其特点都是真实的。符号书写只需要一个符号就可以表达一种观点，而拼音字母则至少需要 6 个字母。乍一看，这似乎表明符号书写具有比较优势。但是经过一番推敲我们发现，所谓的比较优势是不存在的。对具有象征意义的符号书写来说，一个符号只能指代一种想法，该符号本身及其组成元素并不能帮助我们认识其他符号；但在任何一门语言中，要想自由充分地交流观点，描述对象，需要 50—100000 个词，也就是说，我们迈出第一步虽然简单，但事物必然会走向错综复杂。尽管 battle 一词中只有 6 个拼音字母（character），但每个字母都是可以重复利用，从而用来表达数以千计的思想。事实上，大多数语言必需的拼音字母都只有 24 个，所以我们从 battle 一词中所看到的只是整个知识体系的一小部分。因此，就字母的叙述能力而言，拼字可以利用字母的组合来阐明人类想要传达的任意一种想法。

象形符号书写系统是在何时、以哪种方式过渡到拼音文字的呢？这至今仍然是个谜。在希腊和罗马的繁荣时期，一些博学之士仔细研究了东方许多国家的文字记录。他们发现，他们找到的所有文字记录用的都是拼音字母。这些拼音字母的字母表（alphabets）在名称、顺序甚至形式上都非常相似，这似乎强烈暗示了拼音文字的发源地。遗憾的是，所有试图确定拼音字母起源的尝试统统失败了，因为卡德摩斯将拼音字母从腓尼基或埃及引入希腊已经是最久远的记录了。

卡德摩斯引入希腊的就是下面的表格中所呈现的字母，表格分为三列，第一列是用希腊语写成的字母，第二列是这些字母的希腊名，第三列是现今使用最广泛的英语字母。通过表格我们可以看出，这些字母几乎没有发生什么变化。

虽然卡德摩斯引入的字母表比其他任何一种象形符号的优势更突出，并且能实现口语的准确性，但其实际投入使用的过程非常缓慢。首先是因为字母本身非常难写，而且写好之后读出来也很难。还有一个原因，字母传入过程中，适合书写的材料（suitable materials）找不到。用凿子（chisel）和槌（mallet）在大理石表面凿字母既

第二章 卡德摩斯引入拼音字母

希腊字母	希腊名	英语字母
A	Alpha	A
B	Beta	B
Γ	Gamma	G
Δ	Delta	D
E	Epsilon	E
I	Iota	I
K	Kappa	K
Λ	Lamda	L
M	Mu	M
N	Nu	N
O	Omicron	O
Π	Pi	P
P	Rho	R
Σ	Sigma	S
T	Tau	T
Y	Upsilon	U

耗时又费力。为了减少劳动量，古代人们造出了黄铜板（brass）、纯铜板（copper）、铅板（lead），甚至木板（wood）。然后他们用各种工具在上面刻制铭文。显然，这种书写方式的适用范围非常有限：记录的内容较少，因为这时用的字母也少，譬如登记簿或纪念碑。

不过，随着时间的推移，用黑墨（black dye）将字母在"光滑表面"书写的方式传入了罗马。起初，罗马人会在兽皮上写，使用的墨取自一种鱼分泌的彩色液体。虽然这种书写方式取得了很大的进步，但速度还是很慢，而且材料昂贵。过了很久，随着新的书写技术出现，连贯的创作变成了现实。据说，卡德摩斯来到希腊的时间是在公元前 1550 年，但直到公元前 650 年，也就是 900 多年后，希腊人才使用新的书写技术来记录律法。

在 900 多年的漫漫岁月里，人们几乎没有进行过任何书写的活动。之所以这么说，是因为这段时间创作的诗歌和口述文学没有任何一个提到这点。譬如，《荷马史诗》从头至尾都没有出现纪念碑或墓碑上的铭文。如果诗中所述故事是真实的，加之拼音书写已经广为人知，那为什么应该在很多场合出现的碑文却统统没有出现？如果故事是虚构的，那么虚构的铭文应该存在。譬如，一位船长的船上载有许多货物，但他没有登记这些货物，而是记在了脑子里。还有一个更让人震惊的例子。据说，特洛伊城举行了一次竞技活动。为了确定谁与一个特洛伊勇士决斗，来自希腊各城邦的首领决定使用抽签法。签是用能够做标记的物质制成的。一切准备妥当后，这些签就会发到各城邦首领的手中。然后各位首领都会在签上标注记号，并且分别记住自己所标记的符号。这些签会被收集到一个帽盔（helmet）中，接着交给令官（herald）。令官会不停地摇动帽盔，直到有个签掉出来，此时其他签都还在帽盔中。被摇出来的签是哪位首领的，特洛伊城主就会命该首领去和特洛伊勇士决斗。

在执行环节，令官摇出签后会把签从地上捡起来。

第二章 卡德摩斯引入拼音字母

埃阿斯与特洛伊勇士决斗,约翰·弗拉克斯曼
(John Flaxman,1755—1826)绘于 1795 年

因为他不知道这个签是谁的,所以要拿给所有的首领看。最后,一个叫埃阿斯的首领认出了这个标记,然后就奉命去决斗。现在假设一下,如果那些首领们会书写的话,他们就会把自己的名字写在签上面,而不是在上面标记一些空洞的符号。如果那个时代书写的技艺已经很普遍,那么在公众场合书写就应该很常见。即使他们不能熟练地书写,也完全可以让文书(secretary)或者抄书吏(scribe)代写。有学者仔细研究《荷马史诗》后,得出了结论:他们认为,《荷马史诗》中的故事在人们还未掌握书写技艺的情况下,由口头形式创作和传播。这些故事通过说唱艺人的口述代代相传,直到书写的技

罗慕路斯

艺被人类普遍掌握,才最终被永久地记录下来。

莎草纸①(papyrus)传入希腊前,希腊人似乎从未将写作技艺运用到个人的日常生活中。公元前600年,莎草纸传入希腊,那时法律刚刚确立。和写作技艺一样,莎草纸也是从埃及传入的。莎草纸是由纸莎草制成的。纸莎草是埃及的特产,在尼罗河近岸的浅水里长得特别茂盛,能长到大约10英尺。莎草纸取材于这种水草的内衬皮(inner bark),也就是茎中的薄皮(thin sheets)或膜(pellicles)。莎草纸的做法如下:首先从纸莎草茎中取出薄皮,接着将薄皮平铺到一张木板上,然后往上继续叠一层薄皮。薄皮已经在水中泡过,所以叠放的两层薄皮会粘在一起。人们将之压平,并放到阳光下晒干。之所以叠放,是因为这样可以增加莎草纸的密度,而如果平放的话,那么黏在一起的纸莎草纤维(fibers)很容易断裂。莎草纸晾干、抚平后,人们就可以用芦苇状或者羽毛状的笔在上面写字撰文了。

在制作书籍的过程中,长条形卷状的莎草纸很常用。人们把它挂起来,就跟挂地图似的。写字时可分栏,每

---

① 莎草纸是古埃及人广泛采用的书写载体,用当时盛产于尼罗河三角洲的纸莎草的茎制成。古埃及人将这种特产出口到古希腊等地区,深深地影响了文明的进程。——译者注

第二章 卡德摩斯引入拼音字母

栏就是一页。阅读时,两只手分别握着莎草纸的两段,这样一来,中间部分就可以读了。当然,随着阅读的持续,书的一端要不断地展开,而另一端要不断卷起。依照这种原理,人们后来制出了羊皮纸(parchment)。

在现代书籍中,有个术语——"卷"(volume)——

古人制作羊皮纸

常用到。它恰恰起源于古人在长条形卷状莎草纸书写的协管。与最初的书写方式相比，长条形卷状莎草纸的书写更方便了，但与现代书写方式相比，那还是现代书写方式更受欢迎。那个时代的书卷在粗木棍上，既结实又紧密。粗木棍要比书长，而且两端会打结，从而一定程度上保护了莎草纸或者羊皮纸的边缘。用羊皮纸包住整卷书已经很时兴。羊皮纸的外面清楚地写着书名。赫库兰尼姆城遗址[①]就出土了不少这种质地的古书。

  用于书写的墨汁由多种有色颜料调制而成，通常是黑色，但有时是红色或绿色。黑色墨汁由灯灰（lampblack）或者骨炭[②]（ivory black）制成，类似于现代人画画时会用到的那种。赫库兰尼姆城遗址出土了古人使用的砚台（inkstands），其中一个砚台还有墨汁。尽管墨汁太浓了，用笔写起来不太流畅，但还能用，这有可能得益于优良的颜料的浓度。

  然而，这种莎草纸卷或羊皮卷仅用于记录那些需要长久保存的重大事件。日常生活中常用到蜡板或其他类似的材料。人们使用笔在蜡板上写字。笔头是光滑的圆

---

① 赫库兰尼姆是意大利古城，维苏威火山爆发后，将其掩埋。——译者注
② 骨炭是把兽骨密闭，加热、脱脂所得的活性炭。——译者注

第二章 卡德摩斯引入拼音字母

古人用笔在蜡板上写字

状。写字的人想抹掉蜡板上的任何一个字母，只需弄平该字母所在的那块蜡即可。

以上就是写作技艺在希腊的兴起和发展的状况。至于卡德摩斯引入的拼音文字到底是起源于埃及还是地中海东岸，现在尚无定论。一直以来，人们认为拼音文字的书写方式不可能源于埃及，因为古埃及纪念碑上的铭文使用的都是象征符号。整个埃及没有留下任何拼音字母的痕迹。然而，本世纪人们发现大部分埃及象形符号都是表语音的，也就是说，几个世纪以来，那些证明象形文字是具有象征意义的表意符号的尝试都是错误的。尽管象形符号大都意指动植物，但它们不意指某种观点，而是意指发音和词语。这就意味着，尽管这些符号和卡德摩斯引入的字母在形式上差异很大，但其本质上非常相似。为了使读者理解到位，我们下面会以埃及出土铭文为例来讲解。铭文的内容与埃及托勒密王室出现频率较高的公主克莉奥帕特拉有关。我们会用现代阐释者专用的符号将意指公主名字的铭文标记出来。然后就可以看到，尽管符号的雕刻技术拙劣，但还是能够依稀看清克莉奥帕特拉这个名字。

  如果可以把这些象形符号称为字母，那么人们仔细观察一下就会发现，铭文中的字母是不规则排列的；字母 a 在某些铭文中意指"鸟"，在其他铭文中却另有他指。每处铭文的末尾都有两个无法用字母标记的符号，其中一个符号似"蛋"（egg），而另一个符号是半圆（semicircle）。据说，铭文中最后这两个符号意指"君主的性别"。这两个符号在纪念法老的铭文里出现过多次。这些都是表征符号，而其他符号是表音符号。

  因此，当字母符号能够发挥口语词汇的功能时，书

身穿华服的克莉奥帕特拉

面语就形成了，而古埃及语很可能就是这样兴起的。之后，这种字母符号传播到地中海东海岸国家。后来。那里的人们创新出一种比埃及象形符号更为简单的符号，使书写变得更方便。摩西早年在埃及度过，他又是埃及人中最博学者。因此，摩西很可能在埃及时就已经掌握了写作的技艺。

  无论事实究竟是怎样的，无论字母符号的早期历史存在怎样的不确定性，起码有一件事情是可以确定的，那就是字母符号是人类历史上最伟大的发明之一。这种字母符号及其伴生的雕刻技艺，是人类力量的最完美、最极致的体现。通过字母符号，语言焕发了生机，诞生了力量，从而使人类创造了历史。同时，文字将历史传播到各地，人人可以述说，代代可以相传。

第三章

埃涅阿斯

精彩看点

埃涅阿斯的故事以口述的形式流传——埃涅阿斯之母——阿佛洛狄特的身世——阿佛洛狄特的神力——阿佛洛狄特的孩子厄洛斯和安忒洛斯——阿佛洛狄特来到奥林匹斯山——阿佛洛狄特爱上安喀塞斯——金苹果——帕里斯的裁定——阿佛洛狄特住在艾达山——阿佛洛狄特隐瞒身份——阿佛洛狄特离开了安喀塞斯——埃涅阿斯的童年——特洛伊战争——阿喀琉斯——埃涅阿斯参战——潘达洛斯——埃涅阿斯被母亲解救——阿佛洛狄特神奇的幔子——伊利斯护送阿佛洛狄特离开——埃涅阿斯和阿喀琉斯决斗——阿喀琉斯之盾——埃涅阿斯和阿喀琉斯慷慨演说——决斗开始——埃涅阿斯逃过一劫

第三章 埃涅阿斯

上章所讲述的史实对学习历史的人至关重要。现在,我们把读者的注意力转移到这里,了解一下特洛伊城的毁灭、罗慕路斯的祖先埃涅阿斯远征等重大历史事件。如果你事先有了解的话,就应该知道特洛伊城毁于公元前 1200 年。荷马生活和创作史诗的年代大约是公元前 900 年,而首次运用书写技艺进行连贯创作大约是在公元前 600 年。因此,就真实性而言,埃涅阿斯的故事以口述的形式流传了 300 多年,之后才被赋予韵文的形式。吟诵者凭记忆将埃涅阿斯的故事讲给后人。这个过程大概又持续了 300 多年,之后埃涅阿斯的故事才被记录下来。埃涅阿斯的故事在传播过程中引起了人们的兴趣。人们不是想通过这个故事来研究历史,而是为了娱乐。因此,虽然这个故事不应被视为历史真实,但博学之士还是应该有所了解。

据说，埃涅阿斯的母亲是著名的女神阿佛洛狄特，后人称其为"维纳斯"。阿佛洛狄特并非脱胎于凡体，而是奇迹般地生于一片在海面聚集的泡沫里。她一出生，就爬到伯罗奔尼撒半岛南部的塞西拉岛的岸边沙滩上。

阿佛洛狄特是爱之神、美之神和丰收之神。她降生之初就拥有了非比寻常的神力。走在沙滩上时，她所经之处，草吐出了嫩芽，树开出了鲜花。她非常美，美得无以言表。此外，她的魅力不仅作用于自然界，还有一种超自然力量能让所有看到她的人都对她萌生爱意。

阿佛洛狄特经塞西拉岛，穿过大海，一直来到塞浦路斯。她在这座迷人的小岛上待了一段时间，生下两个漂亮的孩子——厄洛斯和安忒洛斯。这两个孩子一直都是孩童的模样。其中，厄洛斯后来被称为"丘比特"，是"赐予爱"（love bestowed）的神，而安忒洛斯是"归还爱"（love returned）的神。之后，阿佛洛狄特带着两个孩子四处漫游，有时在仙界，有时在凡间。他们有时以原形示人，有时会乔装成另一副模样，有时隐身。但无论他们是现形，还是隐身，他们都在不停地施展各自的本领。阿佛洛狄特会激起神和凡人内心深处的爱与美之念想，厄洛斯会唤醒一个人对另一个人的爱，而安忒洛斯则戏弄和惩罚那些不回应爱的人。

阿佛洛狄特在大海的泡沫里降生,桑德罗·波提切利(Sandro Botticelli,约1445—1510)绘于1485年左右

爱神丘比特一直是孩童模样,让-雅克·弗朗索瓦·巴比尔(Jean-Jacques Le Barbier,1738—1826)绘于1795—1805年间

第三章 埃涅阿斯

过了一段时间，阿佛洛狄特带着孩子们到了诸神居住的地方——奥林匹斯山。很快，他们就在这里制造了大麻烦。阿佛洛狄特运用神力点燃了诸神心中的爱情之火。于是，诸神不仅彼此相爱，而且与凡人坠入了爱河。为了报复阿佛洛狄特，朱庇特运用至高权力让阿佛洛狄特自己萌发了爱意。最后，阿佛洛狄特爱上了特洛伊王室贵族、年轻俊美的安喀塞斯，安喀塞斯就住在离特洛伊城不远的艾达山。

阿佛洛狄特是怎样爱上这个生活在艾达山的那个凡人的呢？在一次神仙的婚礼上，一些没有收到邀请函的女神感觉自己被阿佛洛狄特忽略了。为了报复阿佛洛狄特，她们就在众宾客中制造了一点儿混乱。阿佛洛狄特命人造了一个金苹果，上面刻着"送给最美的人"。她把金苹果投到宾客中间。在场的所有女神都想得到这个金苹果。于是，她们围绕着这个金苹果展开了一场激烈的争论。此时，朱庇特派出去几名使者。他们在一名特殊信使的带领下去了奈达山。在那里，他们找到了一位名叫帕里斯的牧羊人。他年轻，精于社交。这位牧羊人其实是一位王子。使者们宣布由帕里斯决定金苹果上那个问题的正确答案。然而，女神们仍然各不相让，纷纷出现在帕里斯面前，争相送礼贿赂他，希望他把自己定为"最美的人"。但帕里斯却把金苹果交给了阿佛洛狄特。阿佛洛狄特对这个结果非常满意,于是决定给予帕里斯纳特殊的保护,并将偏僻的艾达山作为她最喜爱的隐居之所。

正是在艾达山上,阿佛洛狄特与安喀塞斯邂逅了。正如上面提到的,尽管安喀塞斯一直在远离特洛伊城的群山之间放牧牛羊,但他却是特洛伊王国的贵胄。阿佛洛狄特遇到安喀塞斯时,朱庇特突然唤起了她内心深处的情愫。于是,她爱上了安喀塞斯。接着,她嫁给了安喀塞斯。作为安喀塞斯的新娘,阿佛洛狄特和安喀塞斯在山上住了一段时间。不久,他们就有了儿子埃涅阿斯。

然而,阿佛洛狄特并没有将真实身份告诉丈夫,而是谎称她是佛里吉亚的公主。佛里吉亚位于小亚细亚,离特洛伊不远。阿佛洛狄特和安喀塞斯在艾达山生活时,她一直用假身份。不过,她最终决定离开安喀塞斯回到奥林匹斯山。临别之际,她把真实身份告诉了安喀塞斯,并表示愿意把埃涅阿斯留下。同时,她嘱咐安喀塞斯,千万不能向任何人提起她的真实身份,否则埃涅阿斯就会被天庭发出的闪电毁灭。

阿佛洛狄特走后,考虑到家中无人照顾孩子,安喀塞斯就把埃涅阿斯送到他的女儿那里。他的女儿嫁到了

阿佛洛狄特与安喀塞斯邂逅了，威廉·布莱克·里士满（William Blake Richmond，1842—1921）绘于 1899 或 1890 年

特洛伊北部的达耳达诺斯城。也就是说，埃涅阿斯是由姐姐抚养长大的。埃涅阿斯的姐姐已婚这个事实，似乎说明安喀塞斯吸引阿佛洛狄特的原因不是年轻。埃涅阿斯跟姐姐住，长大到可以独自照看牛羊时，就回到了他的降生之地。尽管他的母亲阿佛洛狄特离开了，但她从没有忘记自己的孩子，而是一直照顾他。无论他遇到什么困难、危险，她总会及时出现帮助他、保护他。

后来，特洛伊战争爆发了。但在很长一段时间里，埃涅阿斯并没有参战。特洛伊国王普里阿摩斯不重视他，而重视其他年轻人。他认为是国王轻视自己，低估了自己的作战能力。于是，他继续待在山上放牧牛羊。在山上放牧牛羊的时候，如果埃涅阿斯没有碰上意欲抢劫的阿喀琉斯——希腊最难对付的将领，那么特洛伊战争期间他可能会一直过着平静的生活。

阿喀琉斯发动袭击时，埃涅阿斯正在山上放牧。他们抢了埃涅阿斯的牛羊，然后赶走了埃涅阿斯和与他同行的牧民。事实上，如果阿佛洛狄特没有及时出现，埃涅阿斯和其他牧民早就被处死了。

身负重伤的埃涅阿斯眼巴巴地看着牛羊被夺走，但对希腊人的怒火熊熊地烧了起来。他立即召集一批特洛伊勇士参战。他骁勇善战，很快成为杰出的战士。战斗中，

第三章 埃涅阿斯

他经常得到母亲的帮助。只要陷入险境，母亲都来搭救。因此，他不断创造力量与勇气的传奇。

一次，埃涅阿斯奋力赶去参加一场激战，目的是解救一名叫潘达洛斯的特洛伊将领。潘达洛斯深陷重围，处境十分危险。遗憾的是，埃涅阿斯最终没有救出潘达洛斯。潘达洛斯死于敌手。接着，埃涅阿斯凭借非凡的战力和勇气将希腊人从潘达洛斯的尸体旁驱离。希腊人从各个方向发动攻击。于是，埃涅阿斯只能绕着潘达洛斯的尸体作战，一会从这个方向反击，一会从那个方向出击。最后，他击退了敌人。敌人撤到稍远的地方，开始向埃涅阿斯投矛、射箭、打飞镖。埃涅阿斯用盾护住自己和潘达洛斯的尸体。然而，他的大腿最终还是被希

埃涅阿斯用盾护住自己和潘达洛斯的尸体

腊士兵投来的巨石砸中了。石头太大了,两个人合力才能抬动。埃涅阿斯倒在地上,头枕着手臂,浑身无力,头晕目眩。要不是她的母亲及时赶来,孤立无援的他一定很快死于敌手。埃涅阿斯的母亲出现得很及时,她用幔子将埃涅阿斯盖住。幔子很神奇,一盖上,就能免受任何伤害。然后,阿佛洛狄特抱起埃涅阿斯,离开了敌人的包围圈。射向埃涅阿斯的箭、矛和标枪一碰上神奇的幔子,就毫无用处了。

然而,阿佛洛狄特带着受伤的儿子飞离的时候,只顾着保护儿子却暴露了自己。追捕阿佛洛狄特母子的首领是狄俄墨得斯,他向阿佛洛狄特投了一根长矛。长矛击中了阿佛洛狄特的手。手伤得很严重,非常疼。阿佛洛狄特强忍着痛苦,没有停下来,按住伤口继续飞。狄俄墨得斯很得意,停止了追捕,然后冲着即将消失的阿佛洛狄特大声叫喊,让阿佛洛狄特汲取教训,以后待在天界,不要再来人间干涉凡人的战争。

阿佛洛狄特把埃涅阿斯送到山上的安全地带后,她头晕目眩,伤口血流不止,于是赶紧飞往奥林匹斯山。当她飞到云层时,美丽的彩虹女神伊利斯赶来帮她。伊利斯发现她失血过多,脸色苍白,快要昏厥。她想办法缓解阿佛洛狄特的疼痛,然后把她带往更远的一处山上。

第三章 埃涅阿斯

美丽的彩虹女神伊利斯,约翰·阿特金森·格里姆肖(John Atkinson Grimshaw,1836—1893)绘

在那里她们看到了战神马尔斯和他的马车。马尔斯是阿佛洛狄特的哥哥,他非常同情妹妹,于是把马车借给伊利斯,让伊利斯用他的车马把阿佛洛狄特送回家。阿佛洛狄特坐到马车里,伊利斯抓着缰绳,她们就这样穿过天空到达奥林匹斯山。奥林匹斯山上的诸神都聚集在阿佛洛狄特身旁,为她包扎伤口,对她的遭遇表示同情,同时不断抱怨人类的残忍和暴虐。以上就是关于埃涅阿斯及其母亲的古老传说。

特洛伊战争后期,埃涅阿斯和阿喀琉斯进行了一次决斗。阿喀琉斯是希腊勇士中的翘楚,甚至被视为特洛

罗慕路斯

伊战争事业的最重要的捍卫者。交战期间,双方军队协商停战,然后在开阔的平原地带选出一块空旷的地方。埃涅阿斯和阿喀琉斯走到空地上,埃涅阿斯站在一边,阿喀琉斯站在另一边,而两军士兵以及聚集于此的百姓则作壁上观。

这场即将开始的决斗吸引了所有人的目光。对埃涅阿斯而言,除了非凡的力量和勇气之外,他还能得到来自天庭的母亲阿佛洛狄特的保护。只要战斗打响,她就来支持他;只要他陷入险境,她就救他。阿喀琉斯的人生也富有传奇色彩。他出生不久,他的母亲西蒂斯就把他浸入冥河里。最后,除了没有浸入冥河的脚踝之外,他身体的其他部位都变得刀枪不入。

阿喀琉斯的母亲西蒂斯还命人为儿子打造了一把昂贵、漂亮的盾牌。这个盾牌由5层金属制成。最外两层金属是铜,中间一层是黄金,第一层和第五层的金属不知名,第二层和第三层是铜,第四层是金。这个盾牌的制作工艺在当时是最精致。一开始,西蒂斯没有完全相信儿子真的刀枪不入。因此,在阿喀琉斯离家参加特洛伊战争的时候,西蒂斯把这个盾牌送给了他。

随着决斗双方逼近彼此,两军战士都饶有兴致地看着。诸神也在各自的宫殿兴致勃勃地观望。有些神仙了

西蒂斯把阿喀琉斯浸入冥河,安托万·波莱尔(Antoine Borel, 1743—1810)绘

解阿佛洛狄特对儿子的感情，所以支持埃涅阿斯；有些神仙则支持阿喀琉斯。当决斗双方走到彼此跟前正式交手前，他们先停下来，接着用愤怒和警觉的眼神打量着彼此。阿喀琉斯首先开口，他责骂埃涅阿斯参加特洛伊战争是昏了头脑，来到他这样一位勇士面前简直就是送死。他问："即使你赢得这场战争，你又能获得什么呢？就算你拯救了特洛伊城，你永远也成不了国王。我知道你是王室成员，但普里阿摩斯有儿子，他们才是王位的合法继承人。你不要痴心妄想了。想想吧，你想要跟我搏斗，这多愚蠢啊！我可是希腊勇士当中最强壮、最勇敢、最厉害的，而且还有那么多神仙支持我。"阿喀琉斯继续以一种自以为颇具说服力的方式讲述自己高贵的出身、远大的抱负以及作战本领和勇气方面远超他人的优势。在当时，他的话是一种精神和力量的恰当彰显，的确令人钦佩，但在今天，这番慷慨激昂的话只会被看作骄傲的自吹自擂。

　　面对阿喀琉斯的炫耀，埃涅阿斯针锋相对。他用较长的篇幅陈述了自己的身世和崇高理想。然后，他总结道，把时间浪费在唇枪舌战上没有任何意义。然后，他用尽全身力气把矛猛投向阿喀琉斯，而这一举动表明决斗开始了。

第三章 埃涅阿斯

埃涅阿斯的矛投到了阿喀琉斯的盾上。他的力气非常大,最后矛竟然穿透了阿喀琉斯盾的铜层,扎到金层上。矛这才受阻,掉到地上。此时,阿喀琉斯也拼尽全力把他的矛投向埃涅阿斯。埃涅阿斯蹲下避开一击。与此同时,他把盾举到头顶,努力使自己站稳,好对抗下面攻击。阿喀琉斯的矛又投过来了,从埃涅阿斯的盾的边缘穿过,连带着盾深深地插入地里,立在那里剧烈地抖动着。埃涅阿斯也摔倒在地上,接着他一脸恐惧地站了起来。

阿喀琉斯见没刺中埃涅阿斯,就立即拔出剑向埃涅阿斯冲了过去。埃涅阿斯从化险为夷的惊慌失措中醒过神来,举起一块巨石,正如《荷马史诗》所描述的那样,那块石头重得两个人都抬不起。正当埃涅阿斯准备把石头扔向阿喀琉斯时,意想不到的事情发生了,决斗的进程就此中断。当时,奥林匹斯山上的诸神都在观看这场决斗,有的支持埃涅阿斯,有的支持阿喀琉斯。海神尼普顿支持埃涅阿斯。当阿喀琉斯高举着剑冲向埃涅阿斯的时候,他意识到埃涅阿斯的情况不妙,于是决定出手。他立即飞到两人之间,正如海神在平日的所作所为一样,瞬间用一种异乎寻常的雾把决斗现场罩住了。于是,阿喀琉斯就看不清埃涅阿斯的位置了。尼普顿把阿喀琉斯插在地里的矛抽出来，这样一来，埃涅阿斯那被矛刺穿、贴在地面的盾也就松开了。然后，尼普顿就把埃涅阿斯的矛投向阿喀琉斯的脚边。他高高拎起了埃涅阿斯，隐身后从观看决斗的步兵、骑兵头顶飞走了。雾气终于散去了，阿喀琉斯发现自己的矛就在脚边。他四下寻觅，却连埃涅阿斯的影子也没见着。

埃涅阿斯参加特洛伊战争，陷入危险后被神救走等故事就存在于古代神话中。现代人把这些故事当成严肃的史实来看待，但不能否认的是，故事中确实存在虚构的情节。故事与宗教信仰之间存在千丝万缕的联系，所以故事本身也被赋予某种不容质疑的神圣。于是，人们愿意相信这些故事，愿意使之流传后世。后人听了这些故事，没有不喜欢，不由衷赞美的，一方面是因为故事本身富有传奇色彩，充满了诗情画意；另一方面是因为故事中蕴含着强烈的宗教精神和令人敬畏的启示。

第四章

特洛伊城毁灭

精彩看点

希腊人停止围攻特洛伊城——洛伊人观察到的敌情——木马及其大概的尺寸——关于木马的不同处理意见——战俘的突然出现——西农的不幸境遇——西农讲述希腊人撤离的原因——希腊人要用西农献祭——西农逃跑——普里阿摩斯安慰西农——西农对木马的描述——西农的话产生的影响——巨蟒和拉奥孔——拉奥孔雕像——雕像的历史——雕像珍藏在梵蒂冈——拉奥孔之死对特洛伊人产生的影响——特洛伊人把木马运进城——木马里的希腊士兵——埃涅阿斯被喧嚣吵醒——埃涅阿斯碰到潘瑟斯——方寸大乱的潘瑟斯——龟背车——特洛伊城被洗劫一空——神坛边的普里阿摩斯和赫卡柏——普里阿摩斯之死——特洛伊人绝望了

第四章 特洛伊城毁灭

特洛伊城被攻占后继而遭焚毁，埃涅阿斯只得逃往意大利。途中他曾在一个叫迦太基的地方停留。根据传说，他向迦太基人讲述了希腊人是如何攻占、洗劫特洛伊城的，讲述他是如何从现场狼狈逃离的。以下就是他讲述的内容。

特洛伊战争已经打了很久，双方互有胜负。一天，城墙和塔楼上的哨兵发现希腊人的营地有异动，希腊人似乎在准备撤离。帐篷收起来了，士兵们忙着进进出出，看似搬运武器和粮草。舰队停靠在不远处的岸边。岸上一派忙碌，这似乎预示着舰队即将起航。也就是说，希腊人终于厌倦了旷日持久的较量，正准备撤离。特洛伊士兵密切地观察着对方的一举一动。很快，城里的人们就兴奋地发现，和平终于要实现了。希腊人拆解完营帐，然后离开了。他们分批来到岸边，准备登船离开。特洛伊人一确定希腊人真的要撤离，就立即打开了城门。城中的士兵和百姓，男女老少一起都涌了出来，他们一边检查敌人废弃的营地，一边庆贺可怕的敌人终于走了。

特洛伊人发现一个巨大的木马矗立在希腊人曾驻扎的营地上，于是就好奇地聚集在这个"怪物"周围。埃涅阿斯在讲述时说，木马就像山一般高大。他在后面的讲述中说，人们用车轮将木马运进了特洛伊城。在运送过程中，人们还用绳子套住了木马的脖子。然而，如果木马真的巨大无比，那么按照尺寸来说，绳子所套的部位应该是木马的前腿。埃涅阿斯的描述如此夸张，说明他心中的山应该是那种非常小的山，或者说他使用了模糊的隐喻手法，正如我们现在经常把海浪描述为排山倒海一样，但科学已经证实，就算遇到最猛烈、最持久的暴风雨，海浪的高度也不会比普通海浪多 20 英尺。

不管怎么说，这个木马已经高得足以让所有人惊叹了。特洛伊人围在木马旁，纳闷起来：希腊人为何要造这样一个"怪物"呢？为何撤离时不带走它呢？面对木马，人们既惊且叹，感慨万千，之后开始商量怎样处理这个庞然大物。对此，众说纷纭，莫衷一是。其中有位将领认为，这个木马是意外之喜，应该把它运进特洛伊城，然后将它作为战利品放在城堡中。另一位将领则坚

第四章 特洛伊城毁灭

决反对,他觉得木马可能有诈。因此,他建议将这个"怪物"付之一炬。还有人建议劈开木马,看看里面到底是什么。这时,一位名叫拉奥孔的特洛伊首领走了过来。他一到,就厉声指责议而不决的人们。为了发泄对木马暴怒,他用尽全力把长矛掷到木马身上。长矛插到木马上后,不停地抖动着。木马也因这一猛击而发出了深沉的回响。

如果处置木马的讨论继续进行的话,谁也说不准最终的决定会是怎样的。就在这时,新的情况出现了,打讨中断了。这个新情况瞬间吸引了所有人的注意,而如何处置木马也有了结果。一批农民和牧民从山上走了下来,他们激动地大声呼喊着,因为抓获了希腊的战俘。当这个战俘被捆绑着押过来时,特洛伊人急切地将他们围了起来。大家蠢蠢欲动,看起来要马上杀了他,然后喝他的血。而那个战俘则不断地哀叹,请求人们的饶恕。

他是那么可怜,那么诚恳,似乎感动了特洛伊人。特洛伊人收住了怒气,开始问他问题,听他诉说。这个希腊人在回答他们的提问时说,他叫西农,是从企图杀他的同胞那里出逃的。他说,希腊的首领们一直都想放弃特洛伊城,他们多次尝试登船驶离,但每次都被海风和海浪逼了回来,因此撤离计划一再受挫。于是,他们就去求问阿波罗神谕，想要搞清楚海神为何心情不悦，充满敌意。神谕回复说，他们需要用阿波罗指定的人献"赎罪祭"和"劝慰祭"。西农说，当这个消息传来的时候，全军上下变得惶恐不安，没有人知道杀身之祸会落在谁的头上。然而，希腊的首领们决定认真地执行这一神谕。奥德修斯让祭司卡尔科斯指出谁是当死之人。卡尔科斯等了10天，神示才出现。他说，西农就是那个注定被献祭的人。西农说，他的同伴们一听到他们已经摆脱了杀身之祸，就非常欢喜，急忙支持祭司的决定并着手准备献祭仪式。祭坛已经搭好，献祭之人修饰妥当，花环也按例戴在了他的头上。然而，在献祭即将开始的关键时刻，他还是设法逃脱了。他扔掉了头上的花环，躲进了海边的一块沼泽中别人看不见的灌木丛后面，直到看见希腊人离开。之后，他就一直在外面流浪，饥寒交迫，狼狈不堪。山上的牧民发现他后，就把他捆到了这里。西农连连哀叹着结束了他的故事。他以为特洛伊人会处死他，而希腊人回去后，也会因他的逃离而杀害他的妻儿。

西农讲故事的神情和举止非常真诚，讲完时看上去那么凄惨和绝望，致使特洛伊的将领们都相信了他的话。他的悲惨遭遇引起了人们的同情，最终特洛伊人赦免了

第四章 特洛伊城毁灭

他。年事已高的国王普里阿摩斯当时也在现场,他命人解开绑在战俘身上的绳子,让他自在地站立。然后,国王和蔼地说:"忘了你的同胞吧,他们已经走了。以后你就是我们的一员,我们会好好照顾你的。"过了一会儿,他又说道:"现在能否给我们说说这个'怪物'到底是什么。为何希腊人要造这样一个东西?既然造好了,为何又把它留在这里呢?"

西农仿佛非常感激赦免自己的特洛伊人,声称愿意把知道的所有信息都告诉恩人。他说,希腊人为了暂时代替从特洛伊城抢来的雅典娜女神,所以就建造了木马。木马建这么大的原因是防止特洛伊人运进城,从而获得神灵的庇佑。

特洛伊人屏着呼吸认真听西农讲,然后因为他的言谈举止而相信了他。无论是谈到其他人时的热情真诚,还是说起自己不幸时的悲苦绝望,他一举一动都伪装得非常好。最后,就连先前想要毁掉木马的人此刻也改了主意,开始怀着深深的敬意瞻仰木马,然后商量如何把木马运进特洛伊城。如果此刻还有人对此事心存疑虑的话,那么很快疑虑就被一件不同寻常的事情消除。这件事情被视为神灵对拉奥孔的惩罚,因为他把矛插到了木马身上。事情是这样的。特洛伊人决定给海神尼普顿献祭。人们用抽签的方式决定由谁执行献祭仪式。签最后落到了拉奥孔身上。于是拉奥孔开始在两个幼子的协助下准备献祭。谁知海上突然出现了两条巨蟒！它们从远处的海面游过来，头伸在水波之上。它们先是向海岸游来，接着沿海岸迅速滑动。过了一会儿，它们上了岸，穿过平地，满是斑点的身体在阳光的照射下闪闪发亮。靠近人群时，它们的眼睛闪烁着光芒，毒液四溢的分叉舌头露着威胁和蔑视。惊恐的人们四散而去。毒蛇直奔拉奥孔那两个已经吓呆的孩子而去，然后缠在他们身上。两个孩子吓得尖叫连连，拼命挣扎。然而，巨蟒瞬间就死死地盘住了他们。

　　拉奥孔所在的位置离巨蟒有点儿远。当巨蟒靠近的时候，他就已经嗅到了危险的气息。因此，刚一听到孩子们痛苦的尖叫声，他就立即拿起武器跑去救孩子。可惜的是，他非但没能救得了孩子，反而还把自己搭了进去。那两条蟒蛇就相继缠住了他的脖子和身体，然后又残忍地将两个已经不省人事、即将死去的孩子缠住。最后，蟒蛇的头从这几具交叠的尸体中露了出来，发出嘘嘘的声音，还伸出分叉的舌头，仿佛在蔑视人类，炫耀自己的胜利。之后，它们溜到附近的一座神殿里，在一尊女神雕塑下盘着休息。

两条巨蟒困住了拉奥孔父子三人,埃尔·格列柯(El Greco,1541—1614)绘于1604—1614年间,现藏于美国国家艺术馆

罗慕路斯

现代人很熟悉拉奥孔的故事,因为象征那次灾难的雕像于几个世纪前在古罗马废墟中被挖了出来。这座雕像巍然矗立之时,古罗马作家普林尼曾在作品中提到过它。他描述道,这尊雕像由三位艺术家的合作而成。他们施展妙手,不惜汗水,精致构思,用一整块大理石雕刻出父亲、两个儿子以及两条蟒蛇。雕像的5个"元素"

雕像:拉奥孔父子之死,出土于罗马城废墟,现藏于梵蒂冈

第四章 特洛伊城毁灭

紧紧缠绕。随着罗马的灭亡，雕像消失在废墟之中。几个世纪以来，人们只能通过普利尼的描述来了解该雕像。当它重见天日那一刻，全世界的人们都被吸引了。后来，这尊雕像被珍藏在梵蒂冈，它出土之地的主人也得了重赏。人们照它的模样制作了不计其数的画像和模型。这一备受瞩目的雕像作为古今最著名的雕塑作品之一，至今还珍藏在梵蒂冈。

拉奥孔是这尊雕像的中心，两条巨蟒将其缠绕，拉奥孔因为惧怕、愤怒，致使他的表情变得狰狞。看上去他想要摆脱蟒蛇的挟制却不得其法。其中一条蟒蛇已经咬住了一个男孩。在毒液的折磨下，这个受伤男孩的身体缓缓垂下了。另一个男孩还在恐惧的折磨中绝望地挣扎，试图将自己的脚从蟒蛇缠绕的缝隙里抽出来。这样的画面让人血脉喷张，痛心不已。然而，除此之外，这尊雕像似乎还蕴藏着另外一种神秘的美和魅力，使看过雕像的人深深着迷。毫无疑问，这尊雕像堪称人类艺术史上的一个奇迹。

现在，我们要回到故事中去。特洛伊人将蟒蛇瘆人的造访解读为上天对拉奥孔的惩罚，因为他之前当着大家的面将矛插到了木马身上，而这是一种亵渎神灵的行为。现在他们非常确信，他们眼前的木马拥有超自然的力量。于是，大家一致决定把木马运回特洛伊城。

于是，准备工作立即开始了。人们首先将木马抬了起来，然后在木马脚下配置了一些结实且适和在地上滚动的轮子，轮子还起到承受木马重量的作用。然后，他们用长绳拴住木马的脖子，把绳子绕向前方。接着一大群百姓和战士就在前面拉绳。军队将领和城中的达官显贵亲自跟随木马进城。此外，为了隆重庆祝这一时刻，一群佩戴着花环和花冠的孩童来吟唱圣诗。为了拓宽供木马进城的道路，他们毁掉了一部分城墙。一切准备妥当了，拉绳子的人也各就各位。这时，一声令下，人群就朝城门移动了。在行进过程中，尽管遇到了很多的困难，但人们最终还是在预定的时间内把木马运进了特洛伊城，并把它安置在一个大型建筑物前的广场上。然后人们修复了城墙，这时白天已经过去，夜晚悄然来临，城门关闭了，人们的好奇与讶异都消去了，各自回家休息。午夜时分，这座雕像独自立在那里，一个膜拜者的踪迹也不见，只有哨兵还像往常一样守着城门。当然，哨塔和城垛也有哨兵。城里的其他人已经沉睡。

其实，佯装弃城、乘船离开的希腊人只是去了忒涅

为了拓宽供木马进城的道路,他们毁掉了一部分城墙,乔瓦尼·巴蒂斯塔·丰塔纳(Giovanni Battista Fontana, 1524—1857)绘

人们在预定的时间内把木马运进了特洛伊城,并把它安置在一个大型建筑物前的广场上

第四章 特洛伊城毁灭

多斯岛,那里离海岸只有 1 里格[①]。白天他们隐藏在忒涅多斯岛,当夜幕降临的时候,他们立刻将船掉头驶回陆地,秘密地下了船,然后在夜色的掩护下来到了特洛伊城门口。与此同时,为了欺骗所听令的特洛伊将领而假寐的西农悄悄地下了床,蹑手蹑脚地穿过街道来到放置木马的地方。然后,他打开了藏在木马侧面的一处小门。只见门里竟然钻出一队全副武装的士兵。这些士兵立刻整理好装备冲向城墙,杀死了惊呆的哨兵和巡夜者,然后打开了城门。埋伏在城门外的希腊主力部队趁着寂静的夜色,畅通无阻地进了特洛伊城。

当希腊人在秘密行动的时候,埃涅阿斯还在家里睡觉。尽管他的家所处位置比较偏僻,但他还是被远处传来的呼喊声吵醒了。他立即从床上起来,匆忙套上衣服,然后爬到屋顶去一探究竟。他只看到城里多处建筑燃起火苗,殊不知那是希腊人在攻城。他又侧耳倾听,人们的呼喊以及示警的鼓声不断传来。他立即拿起武器冲到街上,大声叫醒还在熟睡的左邻右舍,然后大家抄起武器,奔赴战场。

途中,埃涅阿斯的朋友潘瑟斯突然出现了。他似乎

[①] 陆地及海洋的古老的测量单位。1 里格 =3.18 海里。——译者注

正从某种险境逃离,脸上写满了紧张和愤怒。他是带着年幼的孩子过来的,孩子因为恐惧而面色惨白。埃涅阿斯问潘瑟斯到底发生了什么事情。惊慌失措的潘瑟斯结结巴巴地说,木马里藏有全副武装的希腊士兵,现在他们已经出来了,打开了城门,穷凶极恶的希腊主力大军潮水般涌入;守城门的将士已全被杀;希腊人已经占领了整个特洛伊,现在正在街上设置路障,纵火焚烧建筑物。最后,潘瑟斯说:"一切都完了,大火过后,特洛伊城不复存在!"

听到潘瑟斯的话,埃涅阿斯及其身后的人们异常愤怒。他们决定死战。即使最后免不了一死,那他们也要与尽可能多的敌人同归于尽。因此,他们穿过黑暗的街道,借着冲天的大火,听着远处的鼓声和喊叫声,悄然向战场靠近。

很快,他们就发现周围是那么恐怖,那么混乱。他们殊死抵抗。敌人多次袭击了他们。后来,他们与一小队希腊士兵狭路相逢。他们击杀希腊士兵后,就换上了对方的盔甲,目的是伪装成希腊士兵,然后神不知鬼不觉地消灭那些小规模的希腊部队。后来,他们看到希腊士兵将国王普里阿摩斯的小女儿卡桑德拉从她藏身的神殿里拽了出来。于是,他们决定立即采取措施营救卡桑

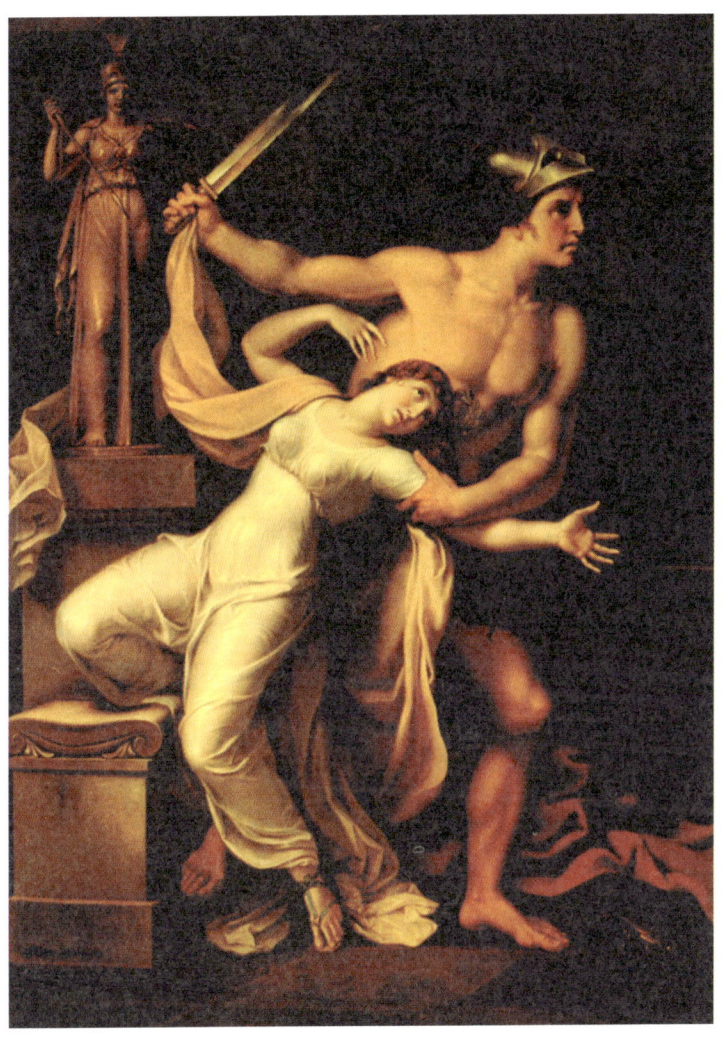

希腊士兵将国王普里阿摩斯的小女儿卡桑德拉从她藏身的神殿里拽了出来,约翰·海因里希·威廉·蒂施拜因 (Johann Heinrich Wilhelm Tischbein, 1751—1829) 绘

德拉，没想到竟然遭到希腊与特洛伊两方部队的同时攻击。特洛伊士兵看到他们穿着敌人的盔甲，戴着敌方的羽饰，误认为他们是敌人，所以从屋顶向他们射箭投镖。这时，他们看到，宫殿被包围的，攀登城墙用的龟背车排好了。场面混乱至极，喧嚣至极，灼眼的火光照亮了整座城。所有这一切营造出一种无法用语言形容的惊骇的氛围。

为了搞清楚宫殿里的战况，埃涅阿斯接连上了好几个高高的屋顶。宫殿里有一座高塔，最初用作瞭望塔。塔设计得这么高，有利于驻扎在这里的哨兵俯瞰整座城，从塔的一侧甚至能看到远处海上的情况。这时，埃涅阿斯及其身后的特洛伊人来到高塔下，设法弄断塔的基座。高塔倒了，砸向那些在宫殿入口怒吼咒骂的希腊人，瞬间死了不知多少人，连龟背车也毁了。不过，一些希腊士兵很快就架起了龟背车，然后纷纷爬上宫墙；另一些希腊士兵用破门锤摧毁了宫门。就这样，特洛伊城最后一道神圣不可侵犯的"壁垒"被迫向这群穷凶极恶的入侵者敞开了。

当埃涅阿斯和他的同伴从高处的屋顶或城垛俯瞰时，特洛伊城被洗劫一空的可怕景象映入眼帘。希腊士兵使用攻城器械不断撞击，宫墙相继坍塌，王宫里的庭

第四章 特洛伊城毁灭

院在火光的映衬下一一现了出来。

尖叫声、痛哭声以及人们因悲痛、害怕和绝望而发出的求告声响彻整座城市。此时,如果有人继续往前走,那么他就会看到无辜的百姓正来回逃窜,未婚的少女正紧靠着神坛寻求庇护,几近疯狂的母亲为自己和孩子苦苦地寻找避难的场所。

国王普里阿摩斯已经老衰。可怕的喧闹声吵醒他后,他立即拿起武器准备战斗。但他的妻子赫卡柏恳求他不要去。因为她知道一切都完了,继续抵抗只会使敌人更加愤怒,最终没有人能活下来。她劝说国王放下武器,同她一起去宫殿的神坛,因为敌人不敢在那里亵渎神明。他们可以在那里耐心地等待战争结束。普里阿摩斯听从了王后的请求,和她一起前往她所说的神坛。他们的计划极有可能拯救他们的生命,但一件意外的事情突然发生了,并最终导致他们死亡。当普里阿摩斯和赫卡柏恭敬地坐在神坛前祈祷时,他们的一个儿子突然跑了过来。他在打斗中受伤了,血流不止,后面还跟着愤怒而残暴的敌人。这个精疲力竭、即将昏厥的孩子就这般倒在了父母的身旁。鲜血从伤口涌出,血泊中的他奄奄一息。这位年老的父亲被眼前的这一幕气疯了,他一下子跳起来,拿起一把标枪,一边大声咒骂杀害儿子的凶手,一边把标枪投向正往这边赶来的希腊士兵。他的标枪击中了敌军首领的盾,之后又被弹了回来。他的反击不仅没能给儿子报仇,反而激怒了那些想要摧毁一切的希腊士兵。那个领头的士兵冲向前去,一把抓住了普里阿摩斯的头发,将他拖拽到神坛前,他的双脚从儿子的血泊里滑过。接着,领头的士兵抽出一把剑插入了这位父亲的身体里,直到剑柄都没入其中,然后将抽搐不止、即将死去的父亲扔到了奄奄一息的儿子身上。

就这样,普里阿摩斯连同特洛伊人的最后的一丝希望破灭了。希腊人占领了整个特洛伊城,洗劫了宫殿,摧毁了堡垒,杀害了国王,而特洛伊人失去了抵抗的"精神大厦"。

第 五 章

埃涅阿斯一家逃离特洛伊

精彩看点

埃涅阿斯的深思——埃涅阿斯决定回家——途遇海伦公主——埃涅阿斯想杀了海伦公主——阿佛洛狄特出现——阿佛洛狄特的话——阿佛洛狄特大显神通——埃涅阿斯回到家——安喀塞斯的决定——克瑞乌萨的请求——逃离特洛伊的计划——狮子皮——家神雕像——克瑞乌萨不见了——埃涅阿斯回去寻找克瑞乌萨埃——埃涅阿斯发现房子被烧毁——克瑞乌萨的灵魂——克瑞乌萨的预言——克瑞乌萨和丈夫告别——埃涅阿斯的船队——埃涅阿斯的队伍不断壮大——流血的桃金娘——桃金娘说话了——波吕多洛斯——埃涅阿斯离开色雷斯——惊险旅途——埃涅阿斯打算在克里特岛定居——灾难来临——埃涅阿斯的困惑——安喀塞斯的建议——家神对埃涅阿斯说的话——哈比——独眼巨人——波吕文摩斯——埃涅阿斯故事的评论

第五章 埃涅阿斯一家逃离特洛伊

此时，埃涅阿斯就站在宫殿旁一座堡垒的箭塔上，他亲眼目睹了希腊人攻占宫殿、杀害普里阿摩斯的场景。他立即放弃了所有抵抗，转而开始思考自己和家人该如何从这场不断逼近的灾难中逃脱。他想起自己住在城里的父亲安喀塞斯，安喀塞斯的年纪几乎和国王普里阿摩斯的年纪一样大；想起留在家里的妻子和他的小儿子阿斯卡尼俄斯。于是他被恐惧吞噬了。他恍惚觉得，敌人有可能已经找到他的家，甚至此刻就在抢掠、破坏，对他的妻子和家人施暴。他立即决定赶回家。

埃涅阿斯向四周看了看，想知道谁还在他的身边，却发现一个人都没了。他们都已经走了，留他一个人在这里。有些人跳下箭塔，向城里的其他地方逃去；有的人不慎跌入熊熊大火中，很快就烧死了；有的人被希腊士兵投来的箭和镖射中，然后掉下去摔死了。这时，希腊士兵高喊着往城里的其他地方去了，因为摧毁宫殿后就没有必要留下来了。最后，他们的喊声听不见了。宫殿这里只有埃涅阿斯独自一人了。

埃涅阿斯走到街上，然后悄悄地选了一条小路，警惕着周围可能发生的危险，小心翼翼地沿着宫殿的废墟回家。但他还没有走多远，就在必经的神坛那里看到了一个躲在黑暗中的女人。她是公主海伦。

海伦是希腊某个城邦的公主，也是斯巴达国王梅内莱厄斯的前妻。数年前，海伦和普里阿摩斯的儿子帕里斯私奔。该事件是特洛伊战争爆发的主因。后来，梅内莱厄斯在一位希腊城邦首领的陪同下来到特洛伊城，向帕里斯索要海伦，但遭到帕里斯的拒绝。为了夺回王后，

第五章 埃涅阿斯一家逃离特洛伊

梅内莱厄斯回希腊后,立即组织大军,远征特洛伊城。特洛伊战争从此爆发。因此,无论海伦是否无辜,特洛伊人都将她视为灾难之源。

埃涅阿斯看到海伦时,一想到所有灾难都因她而起,是她毁了自己所珍视的这一切,他顿时怒火中烧,决定杀了海伦来报复希腊。他朝海伦的藏身之地冲去,自言自语道:"我要杀了她。虽然用武力报复一个女人或是让她受到应有的惩罚是不光荣的,但我还是要杀了她。人们会称赞我的义举。我不允许她毁灭了特洛伊后,再回斯巴达继续做王后。"

埃涅阿斯说完,拿着剑就向海伦冲过去。突然,他的母亲阿佛洛狄特出现了,拦住了他,拉着他的手,让他平息怒火,然后劝他冷静。

她说:"特洛伊的毁灭不是海伦造成的,是神要毁灭特洛伊,人的力量是改变不了的。因此,与宿命抗争或是依靠什么手段,

海伦与帕里斯私奔,马尔腾·冯·海姆斯凯克(Maarten van Heemskerck,1498—1574)绘

发挥什么才智去报复，都是没有意义的。别再想海伦了，想想你的家人吧。你年迈的父亲、无助的妻子以及年幼的儿子。他们在哪里呢？现在你准备把时间浪费在报复海伦上，而你最亲近最爱的人却正被那些恨不得饮他们血的残暴敌人层层包围。赶紧回家去救他们！虽然你看不见我，但我会陪着你，保护你和家人不受任何伤害。"

说完，阿佛洛狄特就消失不见了。埃涅阿斯听从了她的告诫，赶紧往家走。当他穿过街道时，他发现巡逻的士兵都以一种神奇的方式给他让路。于是，他确信母亲真的在伴着他，用神力保护他。

埃涅阿斯进了家，一眼看到了父亲安喀塞斯。埃涅阿斯告诉父亲一切都完了，他们已经一无所有，只能逃到特洛伊后面的山上躲一段时间。但安喀塞斯却不想走，他说："你们还年轻，未来还有很长的路要走，你们逃走吧，我就不逃啦！我不想在流亡中度过余生。如果上天想让我多活几年的话，那它就会保全这片土地。这是我唯一的家。你们自己走吧，让我死在这里吧。"

安喀塞斯沮丧地转过身去，固执地站在那里。显然，他要留在这里与特洛伊共存亡。埃涅阿斯和妻子克瑞乌萨恳求他离开，但是安喀塞斯无动于衷。埃涅阿斯说，他不会把父亲一人留下，要死就一起死。他命人拿来铠甲开始穿戴,决定再次冲到街上。如果一定要死,那他宁愿死在杀敌之中。

但埃涅阿斯还没来得及冲出去,就被妻子克瑞乌萨拦下了。克瑞乌萨跪在门槛上。她太恐惧了,几近疯狂了。她一只手将儿子阿斯卡尼俄斯搂在怀里,一只手不停地拍打着丈夫的膝盖,乞求他不要离开。她说:"留下来救我们出去,不要出去送死。如果你非要去的话,那就带我们一起,这样我们就可以死在一起了。"

于是,悲伤笼罩了这个家,大家又僵持了一段时间。最后,安喀塞斯妥协了,全家人决定一起逃出去。与此同时,街道上的嘈杂声和喧闹声离他们越来越近了,熊熊燃烧的房屋火花四溢。这一些都预示着剩下的时间不多了。埃涅阿斯很快就想出了一个计划。他的父亲年老体弱,自己无法出城,埃涅阿斯决定背着父亲。小儿子阿斯卡尼俄斯走在他身边,妻子克瑞乌萨则紧跟在他身后,以防在黑暗中或是经过混乱的地方时走丢。家里的其他人则另择路出城,以期分散敌人的注意力。大家约定好了,一旦出了城,就去埃涅阿斯指定的高地汇合,那里离特洛伊城不远。埃涅阿斯告诉他们,那里有一座荒废的神殿,神殿旁边长着一棵珍贵的柏树。

计划开始执行了,大家纷纷着手准备。埃涅阿斯把一块狮子皮披到自己肩上,好让父亲舒服点儿。他的父亲安喀塞斯把所谓的家神(household gods)雕像拿在他的手里。家神雕像是圣物,通常摆在家里,好受神灵的庇护。当一个家庭准备远走他乡时,家中的男丁想带走的东西,如果只能带走一件的话,那么一定是家神雕像。埃涅阿斯刚从战场浴血而回,如果未经沐浴就触摸家神雕像,那就是不敬神灵,因此他让带上家神雕像,然后背上父亲,手牵着阿斯卡尼俄斯,身后紧跟着妻子克瑞乌萨。就这样,他们到了街上,远远地看到燃烧的大火。大火照亮了天空,城垛和哨塔隐约可见。

　　虽然埃涅阿斯紧张,非常忧虑,但他仍然沉着地带着大家不断前行。途中,他一会儿摸着城墙走,一会儿穿过昏暗狭窄的街道。其实,他害怕极了。镖或者箭射中安喀塞斯或者克瑞乌萨怎么办?希腊士兵突然出现怎么办?他心里明镜似的,一旦担心的事情发生,那么他的家人都会被杀。他现在背着父亲,遇到危险他无可奈何,既无法自保也无法保护家人。然而,有那么一会儿他们似乎脱离险境了。就在他们走向城门,觉得安全有望的时候,突然被一阵很大的喧嚣声吓住了。一群人从街上冲到他们跟前,扬言要杀死他们。原来是希腊士兵拿着闪闪发光的武器冲了过来,安喀塞斯非常害怕,就

埃涅阿斯背起父亲,父亲手拿家神雕像。一旁的是埃涅阿斯的妻儿克瑞乌萨与阿斯卡尼俄斯。费德里科·巴洛奇(Federico Barocci,约 1535—1612) 绘于 1598 年

埃涅阿斯背着父亲,手牵着阿斯卡尼俄斯,身后跟着妻子克瑞乌萨,开始逃离特洛伊。吉罗拉莫·真加(Girolamo Genga,约1476—1551)绘于1507—1510年间

第五章 埃涅阿斯一家逃离特洛伊

大声催埃涅阿斯要么再跑快点儿,要么拐到另一条路上。虽然混乱场景使埃涅阿斯迷失了,但他还是匆忙向前跑,在貌似最佳的逃脱路线上一会儿往这边跑,一会往那边跑,时不时被四散奔逃的人困住或者挡住。庆幸的是,他们最终找到了城门。埃涅阿斯没顾上回头,一口气跑到了约定会合的地方,然后轻轻地放下父亲。他回头找克瑞乌萨,这才发现不知何时克瑞乌萨不见了。

埃涅阿斯立即慌了。面对这场可怕的灾难,他绝望地大声呼喊。不过,他很快就意识到他应该采取行动而不是悲伤,因为悲伤是没有意义的,于是他把父亲和阿斯卡尼俄斯藏在山下一个漆黑而曲折的溪谷里,并让家族的其他人照看。然后他迅速返回城中寻找克瑞乌萨。

出发寻找妻子之前,埃涅阿斯先武装了自己,好应对可能会碰到的危险。然后,他直接回到刚才逃离的那个城门,立即进入特洛伊城。城里到处都是燃烧的房屋。埃涅阿斯借着火光,尽量原路返回。

极度紧张、焦虑的埃涅阿斯寻遍了每一个地方,但还是不见克瑞乌萨的踪影。最后,他想到,当克瑞乌萨发现与丈夫走散后,很有可能回家避难了。于是他决定回家去看看。这是他最后的希望了。但令他绝望的是,回家后他还是没能找到妻子。

罗慕路斯

埃涅阿斯到家时,发现房子已经陷入火海了。附近的房子也烧着了,房主从大火中救出的家具什物都堆积在街道上。此刻,站在街道上的人们,无助地看着房子被焚毁,任凭自己被悲伤与恐惧吞没。

埃涅阿斯望着眼前的场景,心头一紧,马上呼喊克瑞乌萨的名字。他在人群中不断地穿梭着,疯狂地喊着她的名字,恳求人们提供一点儿克瑞乌萨的消息。然而,他最终一无所获,克瑞乌萨连个影子也不见。于是,他继续去城里别的地方寻找,遇见特洛伊人就打听克瑞乌萨的下落。最后,在城里一个幽静的角落,克瑞乌萨的灵魂突然出现在埃涅阿斯面前。埃涅阿斯一下子停了下来,不再紧张,不再焦虑了。克瑞乌萨的灵魂极轻盈,看上去就像一个影子,平静温和地望着埃涅阿斯。埃涅阿斯觉得这种神情非凡间所有,好像克瑞乌萨在世间所经历的所有悲伤痛苦都消失了。

埃涅阿斯初见克瑞乌萨的灵魂时非常害怕。然而,克瑞乌萨说了一番安慰的话,使他镇定下来。她说:"亲爱的丈夫,不要因为我而不安和悲伤。我们所经历的这些事情并非偶然,而是全知全能、主宰万物的神的命令和指示。你无法带我离开,这是天意。现在我已经知道你未来的命运是怎样的了。你将经历一段漫长、沉闷而

第五章 埃涅阿斯一家逃离特洛伊

乏味的旅程。途中你会遭受各样的困难、危险和考验。但你会一一克服，最终安全抵达台伯河岸。在那里你会组建一个平安和乐的家。你会碰到一位国王和一位公主。公主会成为你的新娘，此刻她就在那里等你。不要为我悲伤，相反你应该替我开心，因为我没有落入敌手成为俘虏。我现在是自由的，你不要再为我恸哭。再见了，我的丈夫。请看在夫妻情分上，好好爱阿斯卡尼俄斯，照看他、保护他直到永远。"

说完，克瑞乌萨的灵魂就开始消失。埃涅阿斯伸出胳膊想抓住，却怎么也抓不到。他还没来得及说话，克瑞乌萨的灵魂就已经消失不见了。他独自站在街道上，街道是那么昏暗凄凉。最终他缓慢地转身离开，孤独悲伤而又浮想联翩。他回到城门口，然后出了城回到父亲安喀塞斯和儿子躲藏的那个溪谷。

埃涅阿斯发现他们安然无恙。他们躲了几天后，开始准备离开故国特洛伊。很快，一切都准备好了。希腊人一撤退，他们就可以放心大胆地出来。埃涅阿斯命人造了一些当时常见的小船以及配套的帆和桨。

其间，那些藏在山里的特洛伊人听说希腊人已经离开，听说埃涅阿斯正在岸边不断召集幸存者，于是纷纷赶来加入埃涅阿斯的队伍。这样一来，人口数量迅速增多,埃涅阿斯开始相应地增加舰船。当可以扬帆起航的时候,埃涅阿斯发现他率领的俨然是一支颇具规模的海上军事力量。

一大批物资运上船后,埃涅阿斯命人们登船。当然,他还带着安喀塞斯和阿斯卡尼俄斯。一股顺风吹来,舰船正式启航。当船缓缓离岸,人们纷纷跑到甲板上,怔怔地看着不断后退的海岸,悲伤之情油然而生。他们知道要和故乡永别了。

色雷斯是距离特洛伊最近的国家,位于爱琴海和马尔马拉海以北。达达尼尔海峡将其与特洛伊隔开。因此,埃涅阿斯向北朝色雷斯的方向航行。没过多久,船队抵达色雷斯。人们下船后,开始着手准备定居的相关事宜。但埃涅阿斯目睹了一件可怕的奇事,促使他带着部队迅速撤离,而定居计划自然就泡汤了。事情是这样的:

船队抵达色雷斯海岸后,埃涅阿斯就在岸边建了一座祭坛,然后准备依照惯例献祭。埃涅阿斯想用树枝来给祭坛遮阳,于是就到附近的桃金娘丛中砍一些绿色的枝子。然而,吓人的一幕出现了,树枝的断裂处竟然流血了。当他把树枝拽到手里时,类似人血的液体从断裂处渗出,然后缓缓地落到了地上。看到这一幕,埃涅阿斯毛骨悚然。他认为这是大凶之兆。因此,他赶紧向这

第五章 埃涅阿斯一家逃离特洛伊

里的土地神献祭,希望无论树枝滴血预示着什么,灾难都不要降临在自己头上;如果能告知其中缘由,那就最好不过了。献祭后,他抓住另一株桃金娘的根部,意欲拔出来,看看事情是否发生变化。然而,就在桃金娘断开时,地下突然传出了呻吟声,仿佛是一个备受煎熬的人发出的。接着,一个充满悲伤的声音祈求他赶紧离开,不要打扰死者的安息。这个声音说道:"你所撕扯的不是树而是人。我是波吕多洛斯,被色雷斯国王波林涅斯托耳杀害后抛尸荒野,后来我变成了一株桃金娘,长在海岸边。"

波吕多洛斯被色雷斯国王波林涅斯托耳杀害后抛尸荒野,绘者信息不详

罗慕路斯

波吕多洛斯是特洛伊王子,普里阿摩斯的幼子。多年前,波吕多洛斯被送到了色雷斯,他在色雷斯王宫中长大。波吕多洛斯离家时,他的父亲为了使他在色雷斯能享受特洛伊王子的生活,就送给他一大批金银财宝。然而,谁也没想到,这些金银财宝却给他带来灭顶之灾。色雷斯国王波林涅斯托耳得知特洛伊在战争中失利,波吕多洛斯的父亲普里阿摩斯被杀,特洛伊城被毁时,就杀了这个手无寸铁的王子并霸占了他的财产。

埃涅阿斯和他的同伴听到这个事情后非常震惊,立刻意识到色雷斯并非安全之地,于是决定离开这里,去其他地方求生存。但离开前,他们为死去的特洛伊王子波吕多洛斯默默地举办了符合他身份规格的葬礼。当催人泪下的仪式结束后,他们赶紧登船驶离。

之后,埃涅阿斯一行在地中海航行了数月,从一个小岛到另一个小岛,从一片海岸到另一片海岸。途中,他们渡尽劫波,历尽磨难。一次,他们错解了一个预言,就准备定居克里特岛。克里特岛位于爱琴海南部,是一个树木葱茏的美丽小岛。他们向爱琴海南部行驶的途中曾经拜访过一个圣地。他们请求神谕给他们指明方向,从而找到定居之地。神谕回复道,他们应该去他们的祖先到特洛伊之前生活的地方。埃涅阿斯问安喀塞斯那是

第五章 埃涅阿斯一家逃离特洛伊

什么地方。安喀塞斯记得一个古老的传说曾提到,特洛伊人的祖先中有一些很有名的人曾生活在克里特岛,于是他说神谕提到的那个地方应该是克里特岛。

埃涅阿斯一行就不断向南行驶,并在预期的时间内安全抵达克里特岛。一上岸,人们就马上开始着手各种定居的准备工作。他们把船拉上岸;计划在岸边建一座城;圈了地准备播种;开始建造房屋。然而,在很短的时间内,一场突发的可怕瘟疫打破了人们的美好愿望。很多人都在瘟疫中死去,侥幸活下来的人也在疾病的折磨下变得瘦弱不堪,最后只能在地上爬行。放眼一望,场面多么悲惨、多么辛酸啊。一场严重的干旱,这无异于雪上加霜。庄稼都旱死了。因此,瘟疫带来了恐慌,可怕的干旱带来了生命的威胁。他们害怕极了,完全不知所错。

面对岌岌可危的形势,安喀塞斯建议埃涅阿斯应该回到那个圣地再详细询问一下神谕,确定他们是不是误解了神谕,从而选错了定居之地。如果定居之地选对了,就问问他们是不是做了错事,从而惹怒了神明,以致遭受如此严厉的惩罚。埃涅阿斯决定听取父亲的建议,但他还没动身,另一件事就发生了,改变了之前的计划。

这天晚上,埃涅阿斯躺在床上,他心事重重,辗转反侧,难以入眠。如何摆脱眼前的困境呢?他绞尽脑汁地想着各种方案。月光透过窗户射了进来,他看到了卧室里的家神雕像,那是之前从烈火熊熊的特洛伊城中带出来的。当他克制着内心的不安和忧虑,在静谧的午夜虔诚地仰望这些家神雕像的时候,其中一尊开口说话了:"我们是阿波罗派来的,既然你想再次求问神谕,那我就来告诉你答案,这样你就不必重返圣地了。你们的确误解了神谕的意思,不应该选克里特岛为定居之地。你的定居之地在意大利。意大利离这里还很远,穿过广袤无垠的大海才能到达。你遇到了挫折,遭受了苦难,但你不要气馁,日后你必定会兴旺发达。你会安全抵达意大利,然后在那里创建自己的王国,王国疆域会不断扩大。所以,鼓起勇气,自信起来,高兴起来,再度起航出发吧。一切都会好起来的。"

在神的激励下,埃涅阿斯的力量恢复了,精神振作了。他立即决定遵照神的旨意,放弃了这座未完工的城,带领大家再次登船。船驶向了大海,新的征程开始了。其间,他们遇到了各种危险,如果我们一一讲述的话,篇幅就太长了。他们遇到一场持续了三天三夜的暴风雨,船前后不停地摇晃。星光或阳光一点儿也看不到,他们失去了方向。一次,他们差点儿被翻滚的可怕巨浪吞没。

第五章 埃涅阿斯一家逃离特洛伊

哈比。乌利塞·阿尔德罗万迪(Ulisse Aldrovandi，1522—1605)绘

还有一次，他们停靠在一座岛上，打算稍作休整，补充物资。他们竟然遭到哈比的攻击。哈比是一种形似鸟的动物，身体庞大，攻击力强悍，凶残至极，贪得无厌。事实上，很多古老的神话中都提到过著名的哈比，它们出没于海岸边，经常骚扰或折磨那些接近它们的水手或

者冒险者。不过,有人认为,哈比这样的族群其实不存在,最多不过两三只,而且他们还给哈比取了名字,不同的人取的名字也不相同,譬如,"Aëlopos""Nicothoë""Ocythoë""Ocypoæ""Celæno""Acholoë"以及"Aëllo"。一部分认为,哈比的脸和体型比较像女人,另一部分人认为它们极其丑陋,但有一点大家的看法是一致的,那就是它们非常贪吃,恨不得爪子所及,悉数饕餮。

这些凶残的"怪物"飞到埃涅阿斯的船上,当着他们的面带走了桌上的食物,有的甚至攻击船上的人。大家拔出了刀剑,准备在哈比再次靠近时杀死它们。不过,敏捷的哈比最后避开了人们的刀剑,再次带着"战利品"离开了。埃涅阿斯和同伴不堪其扰,只好乘船离去。他们将物资搬往船上的过程中,为首的哈比竟然伏在一块岩石上盯着他们,就像人一样嘲讽、咒骂埃涅阿斯和他的同伴。

后来,埃涅阿斯一行在埃特纳火山附近登陆,接着度过了更可怕更恐怖的一夜。午夜时分,烟雾、火焰以及熔岩突然从山顶喷出,轰隆隆的雷鸣声从人们的脚下传出。他们猜想:难不成地下住着一种吞噬火焰的可怕的怪物?无法言说的恐惧笼罩了他们。因此,当晨曦一照亮前方的路,他们就匆忙收拾好离开了。一次,他们

第五章 埃涅阿斯一家逃离特洛伊

独眼巨人波吕文摩斯,吉多·雷尼(Guido Reni,1575—1642)绘

上了一片海岸,这里住着一个体型庞大、无比残忍的独眼巨人,他叫波吕文摩斯。他是食人"恶魔"。抓到人后,他先在洞穴旁的石头上摔打,接着将人吃掉。波吕文摩斯在洞里睡觉时差点儿被人杀掉。但他的体型太庞大了,根本就没法斩杀。最后,他的眼睛被剜掉一只。埃涅阿斯一行来到这里时,只见波吕文摩斯正在用海水清洗伤口,走路时挂着一根长条松树枝。

最后,经过长途跋涉,历经数不清的冒险,埃涅阿斯一行终于抵达了意大利海岸，根据神谕，这里就是着陆的地方。

　　本章和上一章中所述的内容，均取材于史学家的研究，是对埃涅阿斯生平的概括和总结。虽然它不能被当作史实，但值得现代博学之士给予特殊关注。埃涅阿斯的故事诠释了无可复制的诗意的美，给人留下的印象更深刻、更广泛、更持久。

第六章

抵达拉丁姆

精彩看点

拉丁姆是埃涅阿斯的登陆之地——台伯河口船遭焚毁——当时的意大利——献祭——拉丁姆国王拉丁努斯——埃涅阿斯派出使团——使团抵达都城——国王接见使团——使者对国王拉丁努斯说的话——拉丁努斯同意埃涅阿斯的请求——拉维妮娅和图努斯——图努斯愤然离去——拉丁努斯划给特洛伊人的土地——西尔维娅的牡鹿——阿斯卡尼俄斯射中牡鹿——西尔维娅兄弟们的怨愤——矛盾突然爆发——阿尔蒙之死——群情激愤——作战的准备——拉丁努斯渴望和平——图努斯反对议和——图努斯与埃涅阿斯决斗——决斗的结果——埃涅阿斯大婚——埃涅阿斯在努米克尤斯河溺亡

第六章 抵达拉丁姆

拉丁姆是一座意大利古城,位于台伯河南岸。埃涅阿斯一行抵达意大利时,拉丁姆还是独立的王国。当时统治拉丁姆的国王是拉丁努斯。

拉丁姆就是后来罗马崛起的地方,当时人烟稀少,风景秀丽。地形以山地和河谷为主,居民大部分是牧人和农夫。城乡分界不明显。拉丁努斯麾下有一支大军,他们都是希腊人的后裔。他们的始祖在这里殖民时,希腊的书写技艺也落地生根了。这时,他们已经使用卡德摩斯引入的拼音字母。他们擅长制造武器和一些简单乐器。此外,他们还会用木头或者石块建造房屋。他们在城里按需建造了住宅和防御用的城墙和城垛。

埃涅阿斯将他的船驶入台伯河口,然后抛了锚。埃涅阿斯和他的追随者都已经疲惫不堪,迫切想登上陆地安家落户。启航时,船甚多,人甚众,但长途漫漫,灾难频仍,致使人员锐减,侥幸活下来的人则急要休息。船队一抵达河岸,其中一些船就遭焚毁了。据说,烧船的人不是妻子就是母亲,她们觉得,船一毁就不用走了。

暂且不管事情的真相是怎样的,埃涅阿斯特别希望将眼前这片美丽的土地变成永久的家园。各处风景引人入胜。平原地势起伏和缓,向四周延展开来,绿树丛遍布,芳花盛开。海景早就使水手们的视觉疲劳了,乍一见这铺天盖地的碧草绿叶,没有不陶醉的。远处矗立着壮美的群山。轻柔而温暖的薄雾慢慢地移动着。迷人的风景就好像洗了一个意大利特有的日光浴。

人们下船后,就选好了地点,搭建了营帐,建造了一些简易的碉堡,进行必要的防御。埃涅阿斯派人去勘察台伯河口和航道,以便做好应对意外或危险的准备。他又派人建造祭坛,一方面是为了献祭以及举行宗教仪式,一方面是为了鼓舞人、激励人。他还迅速组织了一支侦察兵深入陆地内部,既要考查地形,又要与当地居民沟通。

侦察兵开始沿着河岸前进,穿过了田地,很快就发现这里分布着许多的村庄和城镇。他们打听到国王的名字以及国王所在的城邑。与此同时,拉丁努斯也获悉了这些陌生人到来的消息。他的第一反应是立即动用全部

获悉埃涅阿斯一行到来,拉丁努斯一脸肃然,大臣们议论纷纷。
文策斯劳斯·霍拉(Wenceslaus Hollar,1607—1677)绘

的军事力量进攻他们,将他们从海岸驱离。但是,经过一番详细的了解,他得知那些人不仅困乏而且狼狈。从有关他们的穿着和行为的描述中,拉丁努斯猜测他们是希腊人。这种猜测让他惴惴不安了,因为当时希腊人称霸地中海,令许多国家闻风丧胆。虽然他很恐惧,但他很同情这些陌生人。因此,有那么一段时间,他完全不知道该怎样对待他们。

这时,埃涅阿斯决定派使者去见拉丁努斯,好解释他们这么多人来意大利的原因。接着,他又派出一个使团携带厚礼去见拉丁努斯,嘱咐其中一些人如何跟拉丁努斯说话。礼物中有做工精巧的武器、金银财宝、精美的服饰以及献劝慰祭的祭品。一切都备妥后,使团就朝拉丁姆都城走去。

使者们抵达都城后,发现城大墙高,角楼相连,城垛密布。一群人聚在城门外,有的玩游戏,有的忙于各种训练或马术表演,有的正驾着马车在环形跑道上狂奔,有的骑在战马上竞技,有的练习投镖、射箭或掷标枪。他们要么为了提升技能,要么为了取得胜利,赢取奖品。这时,使团的人停了下来,等待国王召见。

拉丁努斯立即决定接见使者,于是使者们被引导着入了城。他们穿过道道城门,走过条条街道,最后来到

第六章 抵达拉丁姆

一座大型建筑物前。它看起来像是宫殿，或者元老院，抑或要塞堡垒。在通往这座建筑物的路上，他们看到陈设在里面的古代武士雕像，军事勋章以及缴获的战利品，譬如军械、马车、船头雕饰、羽饰以及城门闩。这些东西经过战争的洗礼已经变得很破旧，虽然失去了使用价值，却因为象征着战斗的勇气而保存了下来。特洛伊使者穿过这些纪念品，最后来到大厅，见到了国王。

行过礼后，特洛伊使者把埃涅阿斯的话告诉了拉丁努斯：他们在意大利登陆没有恶意，国家遭难，家园被毁，这才背井离乡，远渡重洋；途中，他们经历的困难之多，危险之巨，简直无法想象；最终在意大利登陆并非偶然，而是上天的意旨，拉丁姆就是他们的归宿。于是他们找到了意大利海岸，来到了台伯河口，然后成功登陆。现在，他们的领袖埃涅阿斯希望国王能够允许他们在这里定居，如果国王能赐予一片土地，好让他们建造自己的城，那就感激不尽了。

使者的到来以及他们说的话打动了拉丁努斯，他同意了特洛伊人的请求，愉快地接受了他们奉献的礼物；显然，他非常喜欢。他之前已经听说过特洛伊毁灭、埃涅阿斯一行人逃离的传言；他知道他们已经沿地中海岸航行很久了，因此自特洛伊城毁灭后，已经过去好多年了。拉丁努斯很快就决定和埃涅阿斯结盟，并划出一块土地供他们建城。就这样，问题很好地解决了。

还有一件事情对拉丁努斯和特洛伊人盟友关系的确立发挥了重要的作用。原来，埃涅阿斯抵达拉丁姆时，拉丁努斯正与拉丁姆南岸的鲁图利亚人激战。拉丁努斯认为，一旦跟特洛伊人结盟，那么开战期间就能获得他们的帮助。埃涅阿斯来见拉丁努斯时，非但没有提出异议，反倒积极表示帮助他们保卫国家，尤其要帮助他们打赢当前这场战争，从而报答拉丁努斯视他们为朋友、允许他们定居拉丁姆的恩情。

随着双方同盟的日益巩固，埃涅阿斯最终继承了拉丁努斯的王位。拉丁努斯有个独生女，叫拉维妮娅。她貌美德绍。她的母亲就是拉丁努斯的王后阿玛塔。王后一直想把女儿嫁给图努斯。图努斯是一位王子，从小在拉丁努斯的宫廷长大，年轻有为，人品甚好。更重要的是，图努斯是阿玛塔的远房亲戚。如果他和拉维妮娅结婚，那么二人以后可以共同继承拉丁努斯的王位。然而，拉丁努斯的行为却让他们的如意算盘落空了。拉丁努斯为了确保埃涅阿斯忠心相随，打算把女儿嫁给他。埃涅阿斯非常愿意。至于拉维妮娅作何感想，我们不得而知。但她与埃涅阿斯的婚事很快定下来了，并且打算很快举

埃涅阿斯拜见拉丁努斯,费迪南·波尔(Ferdinand Bol,1616—1680)

行了婚礼。图努斯愤然离开了拉丁努斯的宫廷，离开了这个国家。

埃涅阿斯和他的追随者们终于脱离了苦难，开始在这片富饶的土地上建城；加之，他们受到强大的盟友庇护，这一切似乎都预示着他们即将过上幸福安康的日子。很快，他们满怀激情，开始建城了。起初，埃涅阿斯将该城命名为"特洛伊"，以此纪念毁于战火的特洛伊城。但是，考虑到他与拉维妮娅即将大婚，他决定把城的名字改为"拉维尼"，以此表达对拉维妮娅的爱。

拉丁努斯拨给特洛伊人的土地在拉丁姆城西南，靠近岸边，毗邻鲁图利亚。图努斯离开拉丁姆后，去了鲁图利亚。他恨拉丁努斯将女儿拉维妮娅许配给埃涅阿斯，所以他决定加入鲁图利亚军队，进攻拉丁姆。鲁图利亚人命图努斯为将，很快他就率领一支大军穿过边界逼近拉维尼。这时，埃涅阿斯意识到他正面临一个非常可怕的敌人。

埃涅阿斯与图努斯开始交战前，发生了一些事，最终导致新近结盟的拉丁姆人与特洛伊人疏远了。于是，面对图努斯及其率领的鲁图利亚大军，埃涅阿斯只能独挡。原来，拉丁努斯与埃涅阿斯结盟并没有获得拉丁姆普通百姓的支持。他们对这些外来的陌生人既妒且疑。

第六章 抵达拉丁姆

他们认为，国王因为偏心才留下他们。一开始，百姓一直强压着心头的的嫉妒和疑虑，但很快这种嫉妒和疑虑演变成了怒气，怒气的爆发就差导火索了。

拉丁姆有一个叫伊特鲁斯的王室牧民。他生活在拉丁努斯的领地，住在自己的小木屋，看管拉丁努斯的牛羊。他有两个儿子，一个女儿。女儿叫西尔维娅。一天，伊特鲁斯的两个儿子在树林里捕获了一只牡鹿，当时它正和母鹿待在一起。它被捕获时还非常小，因此兄弟二人把它带回家后就给它喂奶。牡鹿在兄弟二人的悉心呵护下渐渐长大。它非常温顺，深得全家人的喜欢。西尔维娅尤其喜欢它，经常和它玩耍。她还用泉水给它洗澡，给它梳理毛发，给它戴上花环和花冠。

此时，埃涅阿斯的儿子阿斯卡尼俄斯已经长大成人，就像这个年纪的其他年轻人一样行事冲动。一天，狩猎回家途中，他碰巧经过伊特鲁斯家。他拿着弓箭，猎犬跟在他身后。当他经过溪水旁的小树林时，他的猎犬突然看到了西尔维娅的牡鹿。牡鹿没有任何防备，意识不到大难临头，只见它离开了伊特鲁斯的院子，跑到溪水旁去喝水。阿斯卡尼俄斯的猎犬开始狂吠起来，然后就扑向牡鹿。阿斯卡尼俄斯跟在猎犬后面，不一会儿就从箭袋里拿出一只箭，然后拉开弓。牡鹿刚一进入他的视

罗慕路斯

阿斯卡尼俄斯射西尔维娅的牡鹿。克劳德·洛兰(Claude Lorrain,约1600—1682)绘

线,他就把箭射了出去。牡鹿被射中了,虽然伤得很重,但它没有倒下,而是离开小溪,向家里奔去,好像是去寻求西尔维娅保护似的。路上留下了斑斑血迹。它跑进西尔维娅为它搭建的小窝,然后安静地趴着,发出阵阵令人心碎的哞叫。

西尔维娅的父亲伊特鲁斯和他的两个儿子得知阿斯卡尼俄斯无故射伤了他们的牡鹿后怒火中烧,就走出家门召集住在附近的牧民。牧民们特别理解伊特鲁斯和他的儿子们的愤怒,就拿起棍棒、火把、镰刀冲了出去,

第六章 抵达拉丁姆

想好好惩罚那些射鹿者。

与此同时,特洛伊年轻人集结起来,赶来保护阿斯卡尼俄斯。双方都很冲动,因此村里的长者和首领还没来赶来就爆发了冲突。一支箭刺穿了伊特鲁斯的一个儿子的喉咙,然后他倒地身亡。他叫阿尔蒙,这时还是一个孩子。他的突然死亡大大刺激了人们。接着,又一个人被杀了。虽然冲突最终结束,但牧民们没有消气,于是就把死难者的尸体运到都城给拉丁努斯看,然后坚决要求拉丁努斯向特洛伊人开战,从而赶走他们,让他们从哪里来回哪里去。

拉丁努斯发现众怒难平,无论他怎么解释、安抚,都不起丝毫作用。很快,拉丁姆人都开始排斥特洛伊人。埃涅阿斯发现他已经被困在城里,四周全是敌人。图努斯的大军也在虎视眈眈。看起来特洛伊人只能听天由命了。然而,埃涅阿斯没有绝望。他一方面为开战积极准备,另一方面去邻国求援。拉丁姆的邻国矛盾重重,很容易分化瓦解。最后,不少邻国同意与特洛伊人并肩作战。就这样,大批援军来到埃涅阿斯的营地,更多援军正在路上。战争很快就爆发了,双方僵持了很长一段时间,其间各有胜负。

这时,拉丁努斯已经老朽了,不像年轻时那样好战和热衷功业了。他心里很清楚,他的利益已经和埃涅阿斯、拉维妮娅连在一起了,因此他一直焦虑地关注着战局。然而,他无力终战,只得顺其自然,静观其变。

过了很久,特洛伊人发现,尽管战争初期他们处于劣势,但随着时间的推移,他们的劣势竟然转变成了优势。原来,特洛伊兵力集中,而敌人各自为战。特洛伊人作战时没有什么后顾之忧,因为他们既没有牛羊群也没有土地,而鲁图利亚人和拉丁姆人就很富有,深受身外之物的拖累。每次打了胜仗,特洛伊人不仅欢喜、自豪,而且"满载而归";而拉丁姆人打了胜仗,除了胜利的喜悦,一无所获。特洛伊人骁勇、坚忍、不屈不挠,要么取得胜利,要么英勇战死。当初的艰难困苦练就了他们坚强的意志,毫无疑问他们是拉丁姆人和鲁图利亚人的劲敌。

战争久拖不决,双方不胜其疲。在这种情况下,拉丁努斯提议,派出使者去与埃涅阿斯议和。他的提议遭到图努斯的强烈反对。他要继续作战,但厌战的拉丁姆人纷纷谴责图努斯。他们认为苦难都是图努斯带来的,现在图努斯反对议和,让国家继续深陷战争的泥潭,不过是自私自利吧,因为他想报复埃涅阿斯,但这是极其不理性的。他们说,图努斯不应该裹挟他人,并建议图

第六章 抵达拉丁姆

努斯与埃涅阿斯独自决斗,从而了结他们之间的恩怨。该建议没有获得拉丁努斯的支持,因为拉丁努斯已经厌倦了杀戮,希望终战。于是,他力主与埃涅阿斯议和,且按原计划把女儿嫁给埃涅阿斯。图努斯犹豫了,但一次他看到与王后阿玛塔站在一起的拉维妮娅似乎很生气,竟然把这种生气解读为拉维妮娅爱的是他,从而误以为拉维妮娅愿意嫁给自己,不愿意嫁给埃涅阿斯。于是他不再犹豫,不再拖延,同意决斗。埃涅阿斯获悉后,欣然接受决斗。决斗那一天,双方军队都站在决斗场两边观望。

图努斯与埃涅阿斯决斗。卢卡·焦尔达诺(Luca Giordano, 1634-1705)

罗慕路斯

决斗开始没多久,很快就由一对一变成了大混战,这种情况很常见。最终,埃涅阿斯和特洛伊人取得了胜利,而拉丁努斯和图努斯都被杀死了。至此,战争结束了。埃涅阿斯娶了拉维妮娅。后来,他成了国王,与她共治拉丁姆。

此后,埃涅阿斯又活了很多年,并因治国有方而名垂史册。他推广了从特洛伊带来的希腊艺术和文化,大大改善了他们的精神生活。特洛伊盛行的宗教仪式引进来了,埃涅阿斯航行途中学到的宗教仪式也引进了。最后,这些仪式成为传统,代代相传,深深影响了罗马人的信仰。这些仪式记入了罗马文学,传至后世。

后来,埃涅阿斯在与鲁图利亚人作战中陷入了困境。为了摆脱追敌,他下了河,游往对岸的过程中不幸溺亡。这条河是努米克尤斯河,绕过拉维尼,奔向大海。现在,去考察努米克尤斯河的人说它只是一条小溪,而小溪是淹不死人的,这就意味着当时的努米克尤斯河应该比现在深很多。

特洛伊随从把埃涅阿斯的尸体藏了起来,然后告诉拉丁姆人埃涅阿斯被接到天上去了。于是,那些将埃涅阿斯视为神之子的人开始将他视为神。他们在拉丁姆建起了祭坛,然后像祭拜神一样祭拜他。

第七章

瑞亚·西尔维娅

精彩看点

瑞亚·西尔维娅——贞女祭司的祭礼——古代的"火芯"——火炉的摆放——祭礼的本质——维斯塔贞女祭司——维斯塔贞女的职责——违背誓言的维斯塔贞女会受到严惩——维斯塔贞女制度的影响——维斯塔贞女候选人的资格——圣火——王位继承的问题——希尔维斯名字的由来——阿斯卡尼俄斯的经历——他与莫增提乌斯的战争——特洛伊人胜利——王国事务的解决——拉维妮娅被唤回——阿尔巴隆加的建立——阿尔巴隆加的位置——阿斯卡尼俄斯的继承人——阿拉迪乌斯和他的闪电——阿拉迪乌斯之死——努米托和阿穆略——努米托和阿穆略的性格特点——父亲权力的划分——努米托没有抵抗——瑞亚成为维斯塔贞女——意想不到的事情发生了

第七章 瑞亚·西尔维娅

罗慕路斯的母亲瑞亚·西尔维娅①生活在拉丁姆，那时埃涅阿斯已有去世400多年了。西尔维娅是守护灶神维斯塔祭坛圣火的贞女祭司。贞女祭司是神职人员，好似现代的修女，住在远离尘世的地方，把自己的一切毫无保留地献给宗教。她们不能与男人有任何的联系和交流。

据说，贞女祭司的献祭制度是由埃涅阿斯制订的。贞女祭司的职责与献祭仪式等内容详细记录在献祭制度中。贞女祭司专为献祭灶神维斯塔服务。维斯塔是家中的女神。一个家庭的"圣地"是火炉。人们在炉边举行仪式，祭祀灶神维斯塔。祭祀其他神明时，人们一般会建造神像或祭坛。但祭祀维斯塔时，建的不是神像或祭

---

① 这里的西尔维娅与上文的西尔维娅同名不同人。——译者注

坛，而是一个类似今天的灶台的火炉。祭祀时的各种仪式都和火炉有关，因为火炉是家的象征，象征着家庭与生活幸福。

　　古人所用的灶台和现代的灶台大不相同，现代的灶台通常设在房子的角落，配有烟囱和排烟管道。古代的火炉通常设在房子中心的地砖或支架上。地砖要么是石质，要么是泥质，要么是铜质。屋顶专门开了个小口，用来排烟。这样设置火炉似乎不便于生活。但使用火炉的地方处于温带，一年到头本来就很少用到炉火，加之，当时的人们喜欢户外活动，这样一来就更少用到炉火了。无论古人和今人，都把炉火视为家庭生活的象征和标志。古人为了向灶神维斯塔表达崇高的敬意，就在她的神殿里建了一个火炉而不是祭坛。虽然他们不献祭，但会让炉火不停地燃烧，永不熄灭。

　　专门管理炉火的女祭司是在年龄很小时（6—10岁）选定的。一旦入选，她们就会在隆重的宗教仪式中接受侍奉灶神维斯塔的任命，之后成为贞女，去过那种不食人间烟火的生活，否则就会遭到严厉的惩罚。因为维斯塔神殿不息的炉火代表家用炉火，侍奉灶神维斯塔的贞女代表家中的年轻少女。少女们独居、禁欲，是家庭的要求，因为只有这样，家庭的纯洁才能确保。贞女们要

古人为了向灶神维斯塔表达崇高的敬意,就在她的神殿里建了一个火炉,他们不献祭,但会让炉火不停地燃烧,永不熄灭。绘者信息不详

看好炉火，不能让它熄灭。她们要举行各种仪式，祭祀灶神维斯塔；她们要确保维斯塔神殿干净清洁，要把里面的器皿摆放整齐。总之，待字闺中的少女怎么做，贞女们就得怎么做：保持美德，勤劳，干净利落，爱整理，有耐心，提高警惕。

贞女一旦违背了当初的誓言，就会遭受可怕的惩罚。虽然具体刑罚没有见诸早期史料，但据说，凡是引诱贞女犯错的男人，会在罗马广场被鞭笞死，而贞女会被带走。人们会在地下建一个牢房，牢房呈拱形，只有一条通道与外面相连。地牢里摆着一张桌子，挂着一盏灯，放着一点食物，通道里架着一个梯子。接着，可怕的惩罚要实施了，不幸的贞女由家人陪着走在队伍前面，其他亲人则在路边为她的命运哀悼。其实，这就是在举行葬礼，只不过即将被埋葬的贞女是活的。最后，贞女会被引着走下梯子，来到牢房的榻上。引导她的人返回地面，抽掉梯子，然后用土封住入口。如果这个做错事的贞女没有窒息而死，就得在蜡烛燃尽，食物吃光后，在黑暗与绝望中慢慢死去。

我们认为，古人制订献祭制度，祭祀维斯塔女神，其最终目的也许并不是崇拜偶像，而是找到精神上永恒的寄托，就像基督教徒崇拜耶和华一样。当时，这样的祭祀深深地吸引了普通百姓。

在现代的基督教中,教徒们会竖起一根木桩,然后在木桩顶放置一个帽状物,以此来进行偶像崇拜。如果人们放的不是帽子,而是一尊象征自由的雕像,然后定期聚在一起以游戏、音乐等方式庆贺,那么这就不是偶像崇拜。

基督教中的诗人经常写关于和平、失望、春、美的抒情诗和布道词。在这些诗和布道词中,诗人会将宗教思想与戒律拟人化,仿佛是一位拥有神力的人在倾述。同样,古代的祭礼和庆祝方式也不全都是偶像崇拜,因此不能片面地认为它们是不可饶恕的、邪恶的或荒谬的。我们的祖先只是创造了一个纪念自由形象,来强化人们对自由的美好向往。埃涅阿斯也许就是站在这个角度上考量的,所以为了家庭的平安幸福,才在圣殿内建造灶台。他要求守卫灶台的仆人必须是贞女,目的是希望她时刻警醒,过着圣洁的生活。维斯塔贞女制度的力量是巨大的,使那个年代的人们对家怀有一种神圣感。至少在理论层面,人们高标准看待家庭荣辱与洁污。我们必须明白,那个年代还没有"上帝"(God)这个词,也没有其他能够启迪人、引导人的方式和途径。因此,他们必须借助于那种自我认知范围内的最好方式。

罗慕路斯

与维斯塔灶台有关的祭礼仪式和宗教庆典很多,其中不少独特的规矩及其起源现在很难弄清楚了。正如上文提到过的,维斯塔贞女在很小的时候,通常是6—10岁时被指定为神职人员。她们由国王选定。除了前面所提到的年龄要求,她们的身体各个部位和器官必须完整健康,心智必须完美无暇。此外,她们的父母及祖父母还必须是自由民,也就是说没有做过奴隶,也没有从事过卑贱的有损体面的工作。而且她们的父母还必须健在。因为他们认为,某种意义上,孤儿是一种不完美的存在。

维斯塔贞女的服役期限是30年。任期结束后,贞女就可以不遵守当初的誓言。如果她们愿意,她们还可以脱下维斯塔袍服,卸去维斯塔贞女的其他象征,然后回归世俗生活,甚至还可以选择结婚。虽然法律允许,但是公众对此依然持否定态度。因此,几乎没有维斯塔贞女在任期结束后离开神殿。通常情况下,她们在任期结束会继续待在神殿,直至死亡。

维斯塔贞女在神殿服役期间,主要工作是让炉灶里面的圣火一直燃烧。圣火一定不能熄灭,如果因为某个维斯塔贞女的疏忽值守,圣火真的熄灭了,那么这个犯错的贞女就会受到严厉的鞭刑。鞭刑由大祭司执行。不过,法律特别看重维斯塔贞女的圣洁和端庄得体,因此

第七章 瑞亚·西尔维娅

它要求鞭笞之刑必须在晚上进行。在其他女伴的协助下，准备接受惩罚的贞女会将身体的某些部位袒露出来接受鞭打，而熄灭的圣火则会在庄重的庆典中重新被点燃。

我们再重复一下，罗慕路斯的母亲西尔维娅是一名维斯塔贞女。她生活在埃涅阿斯死后大概400多年的拉丁姆。四个世纪中，这个国家一直由埃涅阿斯的后人统治，尽管埃涅阿斯驾崩后，王位的继承出现了一些插曲，但这个国家还是不断地走向和平与繁荣。大家应该记得，埃涅阿斯是在战争期间溺亡的。他留下了一个儿子，也有可能是几个儿子。根据历史记载，他的儿子阿斯卡尼俄斯表现得最为突出。他曾陪着父亲从特洛伊城逃出来，现在已经成年。父亲死后他立即继承了王位。

然而，关于王后拉维妮娅是否有权统治这个国家还有一些疑问。按照那个时候的法律和传统，拉丁努斯是当时合法的国王，拉维妮娅是他的女儿和继承人。作为拉维妮娅的丈夫，埃涅阿斯是否有权独自继承王位有待商榷。拉维妮娅本人似乎没有维护自己权利的意向。她性情温婉和顺，再加上丈夫去世后她的身体状况不允许，因此她选择了隐居。她甚至有点儿担心自己的安危，不知道阿斯卡尼俄斯是否会怀疑或嫉妒自己继承人的身份，是否会想要害她。丈夫曾经是她唯一的保护者，

罗慕路斯

而现在他已经不在了，而对她心怀敌意的人接管了这个国家的最高统治权力，她难免会感觉到不安。于是，她抓住机会，带着为数不多的几位朋友和仆人，离开了拉维尼，跑到这个国家内陆的森林里，找了一个安全的地方藏了起来。接待她并为她提供庇护的是伊特鲁斯，伊特鲁斯曾为她的父亲看守羊群。阿斯卡尼俄斯曾经射杀了伊特鲁斯儿子的牡鹿。在这里，拉维妮娅很快生下一个儿子。为了纪念他出生在这样一个满是野生森林的地

拉维妮娅像。绘者不详

第七章 瑞亚·西尔维娅

方,她给他取名为"森林里的埃涅阿斯"(Aeneas of the woods),用当时的拉丁姆语来说是埃涅阿斯·希尔维斯(Aeneas Silvius)。这个男孩长大后,他闻名遐迩,载入史册。

这个男孩不仅用了这个名字,还把这个名字传给了他的后代。此后的四百多年里,所有在他之后的国王的名字里都保留了"希尔维斯"这个词,以此来永久纪念他们的祖先颇具浪漫主义色彩的诞生。

阿斯卡尼俄斯在父亲死后很长一段时间一直忙于战争,因此根本没有关注拉维妮娅的离开。与阿斯卡尼俄斯交战的鲁图利亚国王叫莫增提乌斯。莫增提乌斯有一个儿子叫劳索斯。国王和他的儿子都在军中,他们将阿斯卡尼俄斯围困在拉维尼。莫增提乌斯在离拉维尼数英里的总部发号施令,而劳索斯则率领一支先锋部队驻扎在先前占领的一处离城门很近的哨岗。在这种情况下,阿斯卡尼俄斯于一个风雨交加的漆黑夜晚策划了一次突袭。他组织了敢死队。经过观察闪电,他看到了预示成功的征兆,于是赶紧发出信号。城门被打开,一队全副武装的士兵突围出去,悄悄地在黑暗中前行,直接来到了劳索斯营地。他们按捺不住内心的冲动狂奔过去,同时高声呐喊和呼号。整个营地的人全都震惊了,最后有的被杀，有的成了俘虏。其中，劳索斯也战死了。

此刻，受到这一胜利的鼓舞，阿斯卡尼俄斯领导的特洛伊战士将他们的进攻方向转至鲁图利亚的主力部队。然而，与此同时，莫增提乌斯也得知了他们即将到来的消息。当他们到达的时候，莫增提乌斯已经准备撤退了。他和他的所有部队逃往山上。阿斯卡尼俄斯和特洛伊人尾随其后。最后，莫增提乌斯停止前进，并试图在山间构筑防御工事。阿斯卡尼俄斯包围了这座山，然后很快就逼迫他的敌人屈服。双方签署了一份协定。接着，莫增提乌斯率领大军很快从这个国家撤走，阿斯卡尼俄斯终于为拉丁姆王国带来了和平。

战争结束后，阿斯卡尼俄斯想起了拉维妮娅。事实上，对于拉维妮娅被迫离开父亲留给她的王国，并把王位让给外人的儿子，拉丁姆的一些百姓颇有微词。有些人甚至认为她会有危险，因为随着时间的推移，阿斯卡尼俄斯有可能杀死她，所以希望拉维妮娅回来。

阿斯卡尼俄斯似乎一直很想公正地处理好这件事，他不仅找到拉维妮娅，劝说她和儿子回王宫，最终还决定把拉维尼完全还给拉维妮娅，使之成为她的合法领地。而他选择离开，然后建造一坐新城。于是，他在拉丁姆王国寻找适合建城的地方，最终选定拉维尼北部的一个

阿斯卡尼俄斯与莫增提乌斯、劳索斯激战。文策斯劳斯·霍拉(Wenceslaus Hollar, 1607—1677)绘

不太远的地方。他打算把城建在山脚下的一块高地上，一边的山体倾斜，恰可做城墙。另一边山体陡然突起，形成一道坚固的天然屏障。山后有一个清澈见底的湖。城前靠下一点是一片广阔肥沃的平原。阿斯卡尼俄斯决定在这里建城后，就派人开始准备了。一些人建城墙，铺设街道，造房屋；另一些人在山坡上开垦梯田，准备种葡萄。改造后的梯田向南，因此生产的葡萄颗粒饱满，口感美味。人们挖了一些沟渠，将湖水引向低处的平原。这样一来，种植庄稼的平原就可以源源不断地得到灌溉。因此，阿斯卡尼俄斯选择的这个地方具备各种有利条件，既能维持人们的生活，又能抵御敌人的入侵。这座城被称为"阿尔巴隆加"，也就是郎阿尔巴（Long Alba）。之所以在名称中加入"Long"，是为了与另一座阿尔巴城区分开来。不过，阿尔巴隆加的确很长，沿着湖一直延伸下去。

阿斯卡尼俄斯在阿尔巴隆加统治了 30 多年，而拉维妮娅则统治拉维尼。他们一直友好相处，甚至在很大程度上实现了大同。随着时间的消逝，两人都过世了。阿斯卡尼俄斯留下了一个儿子，名叫尤路斯，而拉维妮娅的继承人是埃涅阿斯·希尔维斯。

当然，对于这两个具有可比性的城主，拉丁姆王国

第七章 瑞亚·西尔维娅

的人们众说纷纭，各执一词。一些人坚持认为，特洛伊人埃涅阿斯征服了拉丁姆，是合法的国王，因此他的长孙尤路斯应该继承王位。另一些人则主张拉维妮娅代表真正合法的王室血脉，因此作为拉维妮娅的儿子和继承人，埃涅阿斯·希尔维斯应该继承王位。还有些人建议应该折中，将拉丁姆王国一分为二，形成两个独立的王国。一部分由尤路斯统治，以阿尔巴隆加为都城；另一

埃涅阿斯·希尔维斯像。绘者信息不详

罗慕路斯

部分由埃涅阿斯·希尔维斯统治，以拉维尼为都城，但是该建议被否决了。因为这样一来，两个王国都会比较弱小，一旦战争爆发，很难抵御外敌。最终，另一种折中的办法解决了这个问题。人们一致同意保持拉丁姆王国的完整性，埃涅阿斯·希尔维斯作为埃涅阿斯和拉维妮娅的儿子，能够代表所有人的权益，因此由他继位为王，而拉丁姆王国的宗教权力由尤路斯及其后代永掌，并且政权与教权同样重要。因此，埃涅阿斯·希尔维斯及其后代成为拉丁姆王国的行政首脑，掌握政权和军权，而尤路斯及其后代担任大祭司，掌握教权。这种制度一确立，就世代相传，延续了400多年的时间。这段时间内发生过哪些事？史料中都没有留存多少记录，只有几件事除外。在希尔维斯后，名字中含有"森林"（woods）的统治者中，有个名叫第伯里努斯的国王。在与北方邻国的一次战斗中，试图游过边界的那条河时，他被水冲走不见了踪影。碰巧的是，正是他给这条河取名为"台伯"，因此他的记忆在这里成为永恒。他溺亡的台伯河非常出名，之前叫阿尔布拉河。

有件阐述当时思想观点和风俗习惯的事很让人好奇。在希尔维斯之后名字中含有"林木"的统治者中有个叫阿拉迪乌斯的。阿拉迪乌斯突发奇想，想让人们相

第七章 瑞亚·西尔维娅

信他是神。为了达到这个目的,午夜时分他在阿尔巴隆加附近的湖边宫殿发出一阵阵轰隆的雷鸣声,投射出一道道闪电。他使用的方法可能类似于现在舞台剧中为达到表演效果而使用的夸张布景。大家没有被这一假象欺骗,尽管很快就犯了另一个错,而这个错就跟相信这种假雷声一样荒唐可笑。不久,一场猛烈的暴风雨袭来,山水不断注入湖中。湖的水位上升太快,最终泛滥成灾,冲击了宫殿,淹死了那位假装能发出雷鸣的国王。大家认为,他的所作所为激怒了天神,于是天神降临,严惩了他。事实上,正如一位历史学家所记录的那样,阿拉迪乌斯被暴风雨里的闪电击中,然后在洪水还没有涌入宫殿前,瞬间就被他自己佯称的可怕闪电劈死了。虽然他的死亡方式过于离奇,但你无需惊讶,因为那个年代的人们极其敬畏和崇拜闪电。然而,现在一切都不一样了。人们已经科学地认识了闪电,能够保护自己,免受其害。现在,富兰克林和摩尔斯开始着手研究抑制闪电生成的强大而神秘的物质。对人类来说,他们的研究与人造雷电的假设冲突。实际上,科学家现在已经能够在课堂上展示人造雷电的模型了。

最终,名字中含有"林木"一词的君主统治拉丁姆近 400 年时,在位的国王驾崩了,留下两个儿子——努米托和阿穆略。努米托是长子,理应继承王位。但他的性格腼腆,能力有限,而他的弟弟有激情,斗志旺。他们的父亲似乎已经预料他死后兄弟相争。因此,为了尽量避免惨剧发生,他一直在想办法解决继承权的问题。一次,阿穆略建议父亲将权力分成两份,一份是王权,另一份是财产权,而努米托可以优先选择。这个建议貌似公平合理。如果继承权对于年幼的弟弟和年长的哥哥是均等的,那么建议的确合理。但事实并非如此,因为努米托是王权和财产权的合法继承人,阿穆略的建议实质上剥夺了哥哥的一部分权力。

努米托似乎不愿意和弟弟争夺权力,于是同意了弟弟的提议。然后,他选择了王权,而财产权自然归了弟弟。阿穆略有了财富后,就开始结交强大的盟友,不断增强自己的政治影响力。在预先谋划的一个时间,他篡夺了王位,而努米托没有抵抗,逃到某个僻静之地。努米托有两个孩子,一个儿子,一个女儿。他逃走时留下了孩子。阿穆略害怕孩子们长大后会宣称是努米托的继承人,从而制造麻烦;同时又害怕公开杀害他们可能会招致人们的厌恶与不满。最后,他决定玩些伎俩。

努米托的儿子名叫埃格斯特斯。在一次狩猎集会中,受雇于阿穆略的一些残暴无情的亡命之徒,朝他射箭,

第七章 瑞亚·西尔维娅

投掷长矛。埃格斯特斯当即毙命。当时，狩猎集会进行得如火如荼。因此，埃格斯特斯之死看起来像是一场意外。努米托的女儿就是我在前面提到的瑞亚·西尔维亚。阿穆略也许无法神不知鬼不觉地杀了她，也许他那仅存的良知使他不愿意杀害这样一位美丽无辜的少女，毕竟她是自己亲哥哥的女儿。他也有一个女儿，名叫安托。安托是瑞亚·西尔维亚的玩伴和朋友。一想到安托与瑞亚·西尔维亚那么要好，阿穆略就心生恻隐，因此决定不杀她，而是让她成为一名维斯塔贞女。于是，瑞亚·西尔维亚去神殿侍奉神灵后就丧失了继承王位的资格。根据传统，她要履行维斯塔贞女的誓言，所以不能嫁人，从而不能生养继承王位的后代。

尽管瑞亚·西尔维亚是公主，但她的任职仪式和其他女孩相比并没有什么不同，因为达官显贵家的孩子侍奉神灵早就成为传统。当时她还是一个孩子。小瑞亚似乎觉得这是一种特殊的荣誉，因此既没有反对，也没有抗议。她的任职仪式是按照流程操作的。她宣读了誓言，如果违背誓言，那么最恐怖的惩罚将降临。也许她并没有意识到自己在做什么，不知道自己即将面临的将是禁欲和隐居的生活。

最后，她去了维斯塔神殿。维斯塔神殿有先于她任职的少女。瑞亚·西尔维亚就和她们一起，虔诚地侍奉神灵。许多年过去了，她没有出过任何差错。然而，最终发生了一些事情，不仅终止了瑞亚·西尔维亚的维斯塔贞女生涯，还造成了极其严重的后果。到底发生了什么事情呢？我们会在下一章讲到。

第八章

双生子

精彩看点

阿尔巴隆加城的马尔斯神殿——马尔斯神殿的位置——瑞亚·西尔维亚的过失——瑞亚·西尔维亚的辩词——瑞亚·西尔维亚未婚先孕——瑞亚·西尔维亚的儿子出生——阿穆略的怒火——瑞亚·西尔维亚身陷囹圄——浮士德勒的计划——浮士德勒制作的木槽——孩子被抛到沙滩上——狼——啄木鸟——浮士德勒救的孩子——浮士德勒带孩子回家——罗慕路斯和瑞摩斯的教育——罗慕路斯和瑞摩斯的秉性——罗慕路斯和瑞摩斯的慷慨和勇敢——牧民之间的争执——瑞摩斯突然被囚——在努米托面前的瑞摩斯和在阿穆略面前的瑞摩斯——瑞摩斯讲述自己的身世——努米托得知真相——罗慕路斯制定讨伐计划——浮士德勒和木槽——浮士德勒停在城门口——浮士德勒紧张不安——阿穆略害怕——罗慕路斯攻城——城破——阿穆略被杀

第八章 双生子

尽管维斯塔贞女侍奉神灵的主要场所是阿尔巴隆加城的维斯塔神殿,但并不完全局限于此。她们经常被召进城,或者城附近的地方,参加祭祀,协助完成祭礼。

阿尔巴隆加附近有一座供奉马尔斯的神殿。神殿坐落在峡谷中丛林里的一块空地上。一条小溪蜿蜒流过。一次,在履行维斯塔贞女职责的过程中,瑞亚·西尔维亚需要穿过这片人迹罕至的丛林去取水。她结识了一位陌生男子,最后违背了维斯塔誓言。她心里明镜似的,她的过失一旦为他人知晓,最可怕的惩罚就要降临。尽管如此,她还是情难自已,最终答应了陌生男子的要求,和他相爱了。事发后,她是不经意碰到那个陌生男子的。当时,她在丛林里遇见一只狼,因为非常害怕就躲进了一个洞穴。那个陌生男子出现了,陪伴她,保护她,最后强迫她献身。从他的穿着、面容以及神态来看,她觉得那个陌生男子正是战神马尔斯，而自己作为维斯塔贞女是不能违背他的意愿的。

无论真相如何，她和陌生男子的一次或几次苟合都未被他人知晓。于是，瑞亚·西尔维亚或许觉得别人永远不会发现她的错误。然而，几周后，她的同伴和朋友发觉瑞亚·西尔维亚心事重重，郁郁寡欢。她的心情日渐沮丧，脸色日渐苍白，气力日渐虚弱，眼里常噙着泪水。她们问她怎么了，她只说自己病了。此后不久，她就被免去在维斯塔圣殿中的工作，然后离开了那里。在僻静的隐居之所，她默默地待了一段时间，最后生下两个孩子，而且还是双生子。

瑞亚·西尔维亚犯的错误首次被发现时，她的孩子还没有出生。在她的堂妹安托的庇护下，这位可怜的维斯塔贞女才没有被立即处死。根据严苛的维斯塔贞女法律，阿穆略有权立即处死瑞亚·西尔维亚。但是安托一个劲儿地恳求说服阿穆略，请他暂时饶了不幸的堂妹。不过，瑞亚·西尔维亚的儿子出生后，阿穆略再次勃然大怒。如果她一直无子，或者生的是女儿，就算她失去了维斯塔贞女的身份，那么他也有可能饶她一命。因为她的女儿不会威胁阿穆略的王位。但是现在，这两个男婴是嫡系继承人，比阿穆略更有资格继承王位。因此，

瑞亚·西尔维亚、战神马尔斯与双生子。彼得·保罗·鲁宾斯(Peter Paul Rubens, 1577—1640)绘

阿穆略认为，两个男婴的存在对他的统治构成了严重的威胁，他如何不怒！

阿穆略关押了瑞亚·西尔维亚，并严密监视她，然后命人把她的两个儿子投到台伯河里去。台伯河距阿尔巴隆加很远，但可能离瑞亚·西尔维亚隐居及产子的地方比较近。

奉命把孩子投到河里的人是当地的一个农民。他接到的命令是否真的要淹死这两个男婴，或者是否有权给两个男婴留条活路，这我们不得而知。不过，他不想亲眼目睹他们垂死挣扎和哭叫，因此决定将他们放入他制作的木槽，然后投入台伯河，漂出他的视线。从古代的记录来看，他把一块原木挖成空心木槽，然后小心翼翼地将两个男婴放了进去。就这样，他把这个简单的木槽放入了台伯河中。

这个农民叫浮士德勒。古代史学家考证后认为，浮士德勒就是后来发现两个男婴并将他们抚养长大的那位牧羊人。实际上，我们认为，既然他花时间、费精力为他们制作了木槽，又将他们小心翼翼地放入台伯河中，那他一定会去关注他们的命运。因为他知道两个男婴无法倾诉，所以他沿着溪流跟去，关注这场险象环生的漂流的最终结果。不过，没有直接证据表明浮士德勒的确

第八章 双生子

照看木槽。根据传说,木槽顺流而下,时而在漩涡处回旋,时而跟着湍流疾驰。最后,木槽在台伯河的一个弯处,被湍流冲到了岸上。木槽翻了过来,两个男婴滚到了沙滩上。

他们可怜的哭声很快回荡在沙滩旁的灌木丛附近。正在灌木丛里睡觉的一只母狼走了出来,想看看究竟发生了什么事情。无论是哪个族类的母亲,只要有感知或者有爱的能力,就会关爱和珍视那些刚出生的小东西,这是本能。母狼抚摸着两个还无法保护自己的男婴,误以为他们是自己的孩子,就躺到他们身旁,呵护他们,喂养他们。与此同时,母狼提高了警惕,观察是否有敌人或危险来临。然而,这里离河太近了,母狼的照顾似乎不足以让他们脱离危险。碰巧的是,当两个男婴被放入槽中顺流而下时,河水暴涨;当他们被冲到岸边时,河水消退了,而且在很短的时间内就退回到原先的水位。于是,两个男婴就化险为夷了。其实,守护他们的不光这只狼,根据传说,还有一只啄木鸟。啄木鸟给他们带来浆果和其他食物。读者读到这里时可能会生疑,但我们要知道,在任何历史叙述中,没有什么能够经得起严格审查,因此我们要做好接受的心理准备。

很快,两个男婴就被一个叫浮士德勒的牧羊人从野

罗慕路斯

外救了回去。我们无法确定这个浮士德勒与之前丢弃他们的那个人是不是同一人。浮士德勒将他们带回他的小木屋。然后,牧羊人的妻子劳伦缇雅代替狼和啄木鸟,付出了母亲般的爱。浮士德勒是阿穆略的一个牧工,负责看管这里的牛群和羊群。和其他牧羊人一样,他也住在森林中的木屋中。他不仅救了两个男婴,还把载着他们的木槽带回家收了起来。之所以留存这个木槽,是因为他想着也许有一天会真相大白。然后,他把男婴的事情跟几个非常值得信任的人说了。讲述过程中,他三番五次地交代一定要保密。他给这两个弃婴起名为罗慕路斯(Romulus)和瑞摩斯(Remus)。尽管他们渐渐长大,但人们一直认为他们是牧羊人的儿子。

  浮士德勒觉得,把这两个孩子抚养成人至关重要,因此非常关心他们的教育。他一方面保护他们周全,一方面教他们学习那些对年轻人来说特别重要的知识。据说,他甚至把他们送到拉丁姆的神学院学习。他们长大之后,仪表堂堂,玉树临风,气宇不凡。凡是见过他们的人,都会被深深吸引。他们勇敢,充满活力,膂力惊人,技能超群,慷慨大方,很受森林中的牧民和猎人欢迎。与弟弟瑞摩斯相比,罗慕路斯的话更少,思维更缜密。所有认识他们的人都很尊敬、重视他们。

母狼呵护、喂养双生子。绘者不详

浮士德勒救回了双生子,并把他们交给自己的妻子劳伦缇雅。尼古拉·米格纳德(Nicolas Mignard,1606—1668)绘

第八章 双生子

罗慕路斯和瑞摩斯对待同伴和朋友非常友好。他们的朋友都是山里的年轻牧民。当然,这些人也友好地对待他们。但他们却在酋长或官员面前表现得放荡不羁。酋长或官员有时傲慢无礼,盛气凌人,因此这一带的牧民非常敬畏他们。不过,罗慕路斯和瑞摩斯从不害怕,也从来没有屈服于他们的威胁。事实上,他们天生高贵,自带无畏,仿佛继承了王室的自信和勇气,抑或吸收了养母那种不屈不挠的气质。

罗慕路斯和瑞摩斯行侠仗义,帮助老弱,接济穷人,保护那些无力自卫的人。他们猎野兽,斗盗贼,救迷路之人。他们热爱跑步、摔跤、赛马、扔标枪、投长矛。总之,他们因为非常出色而变得闻名遐迩。

阿穆略篡夺王位后,从阿尔巴隆加出走的努米托,也就是瑞亚·西尔维亚的父亲,此时还活着。这时,他已经与阿穆略和解,可以以平民的身份住在阿尔巴。他似乎在台伯河附近有一些庄园。他雇佣牧民在庄园里饲养家禽,放牧牲畜。一次,努米托的牧民和罗慕路斯、瑞摩斯居住地的阿穆略的牧民发生了争执。到目前为止,罗慕路斯和瑞摩斯尚不知道他们与努米托的关系,就没有特别关注他的事。浮士德勒和附近的牧民都支持阿穆略,所以正如人们预料的那样,罗慕路斯和瑞摩斯也支

罗慕路斯

持阿穆略。争执期间，努米托的牧民抢走了属于阿穆略的牧民的牛。一群人匆忙集结起来，然后由罗慕路斯和瑞摩斯率领，一方面去追努米托的牧民，另一方面去夺回牛。他们追上了努米托的牧民，夺回了牛。努米托一方被激怒了，决定实施报复。

他们一直在等待有利的时机。最后，时机成熟了。阿穆略的牧民要庆祝"牧神节"。在这个节日，人们会举行很多非常野蛮的庆典。人们通常会献山羊为祭，然后赤身披上羊皮，四下奔跑，用羊皮、兔子皮或其他生殖能力强的动物的皮制成皮带，抽打遇到的每一个人。如果非说这般粗俗荒唐的仪式有意义，那么它的意义应该是敬拜神灵，祈求来年举行庆典时他们的畜群丰产。努米托的仆人和追随者决定趁机报复。他们全副武装，突然出现在阿穆略牧民正在庆祝的地方，然后向瑞摩斯冲去。此时，瑞摩斯正半裸着来回奔跑，唯一的武器就是羊皮鞭子。他们很快俘虏了瑞摩斯，然后将他带到了努米托面前。

这件事震惊全国。努米托因为俘虏瑞摩斯而喜忧参半。尽管他很想惩罚瑞摩斯，但最终他觉得不妥，就请阿穆略裁决。于是，他派人把瑞摩斯押送到阿穆略那里，严厉地控诉他是个目无法纪的暴徒。努米托的人还说，

瑞摩斯追上了努米托的牧民,夺回了牛。绘者信息不详

瑞摩斯押被送到阿穆略那里。绘者信息不详

第八章 双生子

瑞摩斯和他的哥哥专横跋扈，抢掠嗜杀，令森林里的人恐惧不已。

国王阿穆略见哥哥努米托如此尊重自己的王权，非常开心，最后就把该案件交还努米托，并告诉努米托随便怎么惩罚瑞摩斯都行。于是，瑞摩斯被再次带到努米托那里。与此同时，瑞摩斯被俘、受控以及阿穆略将他的案件交由努米托审理的的消息不胫而走，大大吸引了人们的注意力。大家都开始讨论瑞摩斯，关注他最终的命运会是怎样；接着，讨论的焦点转向了瑞摩斯的哥哥罗慕路斯。浮士德勒的老邻居们想起了很久以前那个关于兄弟二人的故事，想起了浮士德勒曾经的讲述——两个男婴是他在岸边发现的。最后，他们把故事讲给了罗慕路斯。很快，要么是罗慕路斯，要么是他的朋友，将之告诉了身陷囹圄的瑞摩斯。

毫无疑问，努米托正是瑞摩斯的祖父，但他们对这层关系一无所知。瑞摩斯被带到努米托面前时，他的英俊潇洒和临危不惧深深地震惊了努米托。虽然他年纪尚轻，但他泰然自若，镇定沉着；虽然他很清楚自己身处险境，但他的举止和神态都投射出一种贵族才有的平静和淡定。

这时，女儿瑞亚·西尔维亚与孩子失散的模糊画面

罗慕路斯

突然闪过努米托的脑海。于是，努米托非但不再生瑞摩斯的气了，反倒对他充满了好奇。看着瑞摩斯，他不自觉地显出友好和关爱的神情。就这么注视了瑞摩斯一会儿后，他用温和的、安慰的口气问瑞摩斯他到底是谁、他的父母又是谁。

瑞摩斯回答道："既然你这么友好地跟我讲话，那我就知无不言了。国王都不容我申辩，就把我交出来接受惩罚，而你不但没有马上定我的罪，而且愿意听我讲话，对此我很感激。我叫瑞摩斯，我有个双胞胎哥哥叫罗慕路斯。我们一直以为我们是牧民浮士德勒的孩子。但我身陷囹圄后，听说了一些关于我们身世的新消息。浮士德勒在沙滩上发现了我们，那时我们还是婴孩。他把我们捡了回来。我们不知被谁装在一个木槽里，溯流而下，漂到了沙滩上。浮士德勒发现我们时，一条狼和一只啄木鸟正在照看我们，给我们喂食。浮士德勒带我们回家，抚养我们长大成人。他至今还保存着那个木槽。"

听到这个消息，努米托非常高兴。他立刻意识到，这两个孩子被发现的时间、地点以及相关情况都和女儿瑞亚·西尔维亚的孩子吻合。因此，毫无疑问，罗慕路斯和瑞摩斯就是他的外孙。这么多年来，瑞亚·西尔维亚一直被囚禁，受到严密监视。如果他能和女儿取得联

第八章 双生子

浮士德勒发现罗慕路斯和瑞摩斯时,一条狼和一只啄木鸟正在照看他们。彼得·保罗·鲁宾斯(Peter Paul Rubens,1577—1640)绘

系,那就可以立即把这个喜人的发现告诉女儿了。

与此同时,在浮士德勒的家里,罗慕路斯非常激动。一开始,听到瑞摩斯被俘的消息时,他非常愤怒。正想与浮士德勒商议营救计划时,浮士德勒跟他讲了他的身世之谜:他是如何在河边发现他们兄弟的以及他们的母亲是谁。罗慕路斯难掩欢喜的心情,尤其意识到他们是

罗慕路斯

王子时,与生俱来的勇气和力量很快就重新燃起了。他立即开始准备推翻阿穆略的统治。当然,他首先要先救出瑞摩斯,然后根据实际情况采取进一步措施。

罗慕路斯按计划集结力量、准备讨伐阿穆略时,浮士德勒决定去见努米托,告诉他罗慕路斯和瑞摩斯的身世。他带上了那个盛放两个男婴的小木槽,这样证据就确凿了。他把木槽藏在斗篷下面,这样别人就看不到了。最后,他来到了阿尔巴隆加城门口。这时,他的相貌和举止引起了守城士兵的注意。他穿着乡下人的衣服,是从森林那边来的,而且走了一段很长的路。他一脸慌乱和紧张。守城士兵问他斗篷下面是什么东西,令他拿出让他们看看。看到木槽时,他们更好奇了。木槽外面包着一层铜,刻着一些铭文。守城士兵中有一位年长者。当初,瑞亚·西尔维亚的孩子被放入木槽时,他恰巧看见了。因此,他一眼就认出这就是当年盛放瑞亚·西尔维亚的孩子的木槽。一些非比寻常的事情就要发生了,他对此深信不疑。于是,他决定立即禀告国王阿穆略。

听到这个消息后,阿穆略既惊且怒,立即传召浮士德勒。浮士德勒非常害怕,还没有想好怎么说就被士兵带到国王了面前。说多少或者隐瞒多少于己最有利呢?他茫然无措。最终,在回答国王的提问时,他承认,两

第八章 双生子

个男婴被冲上岸后，他发现了他们，救活了他们，视他们如己出，抚养他们长大成人；但现在他也不知道他们身在何处。他谎称他们多年以前就离开了，现在可能是牧羊人，生活在偏远地区，但具体地方他是不能确定的。

接着，阿穆略问浮士德勒悄悄地带木槽进城意欲何为。浮士德勒的回答是——给狱中的瑞亚·西尔维亚，因为木槽是她梦寐以求的，能唤醒她对两个男婴的美好回忆。

阿穆略似乎相信了浮士德勒的话，但心里还是焦躁不安。他害怕那两个尚在人世的孩子得知自己的身世后，推翻他的王位，终结他的王权；害怕他们报复他，因为他夺取了他们外祖父的王位，囚禁了他们的母亲；害怕冲突一旦爆发，百姓们有可能站在他们那边，而不会站在自己这边，很久之前百姓们就很同情努米托。总之，他非常恐慌，不知道接下来该怎样做才能避开有可能发生的大祸。于是，他决定派使者去问努米托，看努米托是否知道那两个男孩还活着；如果他真的知道他们还活着，那就要确定他是否知道他们的下落。虽然使者为阿穆略办差，但他实际上是努米托的好朋友。来到努米托面前，准备提问时，他一眼看到了瑞摩斯。出乎意料的是，瑞摩斯并不是一副候审的囚犯的模样，而是一副正

罗慕路斯

和长辈热切议事的模样。很快,他就明白了事情的真相,于是立即表明誓死追随王子的决心。他对瑞摩斯说:"你只要站到百姓的面前,宣布你的权力,就很容易获得他们的支持,举国上下与你同在。"

就在这个紧要的关头,城门口传来一阵喧嚣。原来,罗慕路斯率领一支由农民和牧民组成的人马来了。他们的装备粗陋,没有经过什么训练。农民以耕地用的农具为武器,牧民以狩猎用的长枪、长矛、标枪和标枪为武器。他们以百人为单元分为若干小队,各自举着由麦秸绑到竹竿上制成的旗帜。他们的意志坚定,行事果决。他们在城门口,准备与瑞摩斯里应外合。最后,他们成功了。一旦百姓决心推翻暴君,他们通常会如愿以偿。虽然阿穆略不顾一切地反抗了,但他的时限已尽。他的宫殿被占领了,他自己被杀死了。百姓的行动进行得很彻底,罗慕路斯和瑞摩斯自然成为这个国家的统治者。

第九章

罗马城建立

精彩看点

召集阿尔巴隆加城的百姓——努米托对百姓讲的话——罗慕路斯和瑞摩斯公开亮相——计划建造一座新城——努米托会给予必要的帮助——很多人参与新城的建设——罗马七丘——帕拉坦丘——罗慕路斯和瑞摩斯的分歧——在阿瓦丁丘建城的优势——罗慕路斯和瑞摩斯不相上下——双方都不让步——罗慕路斯和瑞摩斯来见努米托——努米托的建议——亚平宁山上的秃鹫——秃鹫的使命——秃鹫的本领——占卜——罗慕路斯和瑞摩斯观鹫——占卜的结果——新的分歧出现——公开的冲突——浮士德勒被杀——罗慕路斯获胜——开始建城——波米里姆——罗慕路斯划定的波米里姆——瑞摩斯之死——罗慕路斯追悔莫及——"驱魂灵"的风俗——关于"驱魂灵"仪式的描述——黑豆——瑞摩斯死后的罗马——塞勒尔的故事——人们对这个故事的理解

第九章 罗马城建立

阿穆略终于垮台了。参战的人们不那么愤怒了,阿尔巴隆加城恢复往日的平静了。这时,建立新政权就提上日程了。努米托认为,应该开会讨论决定。因为这场战事是突发的,所以不少百姓一无所知。城中充斥着流言蜚语,其中既有真实的,也有杜撰的,这非但满足不了百姓的好奇,反倒进一步勾起了他们的兴趣。

于是,努米托要求阿尔巴隆加城的百姓来公共广场上,同来的还有罗慕路斯率领的粗野淳朴的猎人和农民。一开始,罗慕路斯和瑞摩斯并没有现身。当所有的人都到齐了,努米托就上前详细讲述了阿穆略篡位之事:三四十年前,关于父亲的王位和财产,他和阿穆略是如何约定的;阿穆略是如何使诈篡位并迫使自己臣服的;阿穆略是如何在狩猎集会上杀害自己儿子的;阿穆略是如何迫使女儿瑞亚·西尔维亚成为一名维斯塔贞女的,

罗慕路斯

这样她就能终身不嫁了；阿穆略得知罗慕路斯和瑞摩斯出生的消息后，盛怒之下，是如何残忍地处置瑞亚·西尔维亚的；阿穆略是如何命人将两个婴孩投到台伯河里的。接着，他讲述了罗慕路斯和瑞摩斯是如何被放到小木槽里；木槽是如何顺流而下，最后被抛到的沙滩上的；他们如何被一头母狼和啄木鸟看护的；他们是如何被救。最后，结束讲话时他说，阿穆略死有余辜，现在两位年轻的王子尚在人世，并且已经准备好来见大家了。

这时，罗慕路斯和瑞摩斯走上前来。看到两个王子强壮孔武，充满活力，沉寂过后，人群中响起了热烈的欢呼声、喝彩声。掌声稍弱时，罗慕路斯和瑞摩斯转向外祖父努米托，称他为王。作为回应，掌声再次强起来了。从此，努米托成为合法的国王。

尽管罗慕路斯和瑞摩斯很有魅力，精通武艺，深受那些森林居民的拥护，但他们的追随者粗鲁而野蛮，似乎不太适合待在城里。因此，努米托打算等国事处理得差不多时，就找个合适的机会让来自乡野的农民和猎人离城回家。不过，罗慕路斯和瑞摩斯知道了自己的王子身份后，自然想掌点儿权，所以想留在城里。但他们从未想过要篡位。经过一番思量，努米托想出一个两全其美的办法。

阿穆路被杀。篡位的他罪有应得,死有余辜。绘者信息不详

罗慕路斯

他计划把拉丁姆分一部分给罗慕路斯和瑞摩斯,然后让他们带着追随者在那里新建一座城。建城的地方正是罗慕路斯和瑞摩斯从台伯河漂下来时着陆的地方。这里虽然荒凉,但风景秀美。由追随罗慕路斯和瑞摩斯的人建新城再合适不过了。这样一来,他们的注意力转移了,不安分的心也有归宿了。这些人中大部分虽然是野蛮的农民和牧民,但打心眼儿里愿意效力,而其他人是难以管理的亡命之徒、逃犯以及雇佣兵。有的为了避罪而躲进了深山老林;有的热衷杀人抢劫,一直寻找机会。推翻阿穆略的斗争为他们创造了重新回到城里的机会。战争一起,他们便去应征入伍,因为对邪恶堕落之人而言,战争充满了诱惑。他们参战,无异于使犯罪披上了合法的外衣。

罗慕路斯和瑞摩斯欣然接受了外祖父的安排。努米托承诺竭尽全力帮助他们完成建城。建城的工具由他提供,工匠由他派遣,给养由他发放。如果他的臣民乐意出力,他绝不阻拦。为了尽量增加人口,罗慕路斯和瑞摩斯派使者去邻近的部落宣传,邀请人们前来,与他们共建新城。最后,无论是富人还是穷人,不少接受了邀请。

然而,大部分参加建城的人品行不端。那些善良、诚实和高尚的人宁肯在村子或城镇里安居,也不愿离开

第九章 罗马城建立

亲朋好友,去趟建城的浑水。于是,愤世嫉俗的人来了,无业游民来了,道德败坏的人也来了,因为他们都向在建城过程中获益。有的濒临绝境,有的腐化堕落,有的作奸犯科,但他们一致认为,这座新城能够使他们获得重新开始的机会。总之,新城尚未开建,罗慕路斯和瑞摩斯就发现,投奔他们的人放荡不羁,目无法纪。

努米托划分给罗慕路斯和瑞摩斯的土地上有七座各不相同的山丘,后来成为罗马城不可分割的一部分。台

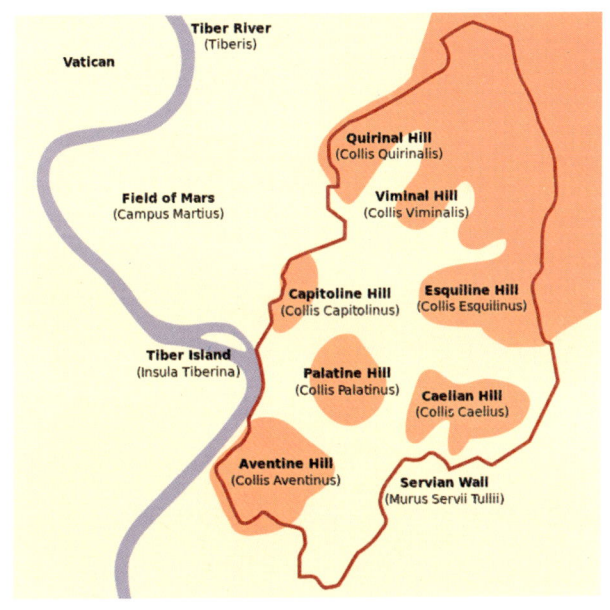

七座山丘分别是:帕拉坦丘(Palatine Hill)、阿瓦丁丘(Aventine Hill)、西莲丘(Caelian Hill)、卡比托利欧丘(Capitoline Hill)、艾斯奎林丘(Esquiline Hill)、奎里那勒丘(Quirinal Hill)和维米纳尔丘(Viminal Hill)

163

罗慕路斯

伯河从山中蜿蜒流过,画出优美而宽阔的曲线。现在罗马城的中心就是在帕拉坦丘下,这里是罗慕路斯和瑞摩斯的木槽搁浅的地方。帕拉坦丘非常陡峭。一片很深的沼泽位于帕拉坦丘与台伯河之间。罗慕路斯与瑞摩斯考察了这里。最后,罗慕路斯认为这里最适合建城。他们可以在帕拉坦丘下开辟一片广大的平地,建房造屋;只需建一面城墙,就可以确保城的安全。帕拉坦丘顶犹如天然的堡垒。城墙和陡峭的斜坡可以确保新城三面的防御,而那片沼泽足以抵御沿台伯河而来的敌人的进攻。当然,罗慕路斯与瑞摩斯在这里获救,也是罗慕路斯决定在这里建城的一个原因。

然而,瑞摩斯却对此持反对意见。台伯河的下游坐落着阿瓦丁丘。在瑞摩斯看来,阿瓦丁丘更适合建城。一方面,阿瓦丁丘不是太陡峭,会降低建城的难度;另一方面,阿瓦丁丘周边的地形更符合他们之前建城的预期。总之,瑞摩斯认为,无论从哪个方面来说,阿瓦丁丘都是最佳的选址。至于他们是在帕拉坦丘获救的,瑞摩斯认为,这无关紧要,选址时完全没有必要考虑进来。

罗慕路斯和瑞摩斯都无法说服对方。于是,他们都心生怨气,非但不想向对方妥协,反而激怒了对方,矛盾进一步激化了。他们都很鲁莽,冲动,盛气凌人,自

早期的帕拉坦丘（Palatine Hill）。绘者信息不详

视甚高，都迫不及待地想要表现自己。他们自顾自发号施令，再也不和对方商量了。当初，陷入困境时，他们紧紧相依，真心相护，竭力相助；但现在太平了，该是共享富贵了、权力和荣耀了，出乎意料的是，患难时的真情却较弱了。最终，他们的矛盾难以调和了。然而，他们都无法证明自己比对方更优秀。如果他们的年龄不同，那么弟弟就会听哥哥的话，而不会损害哥哥的尊严。如果兄弟中有一个人在推翻阿穆略的斗争中表现更突出，或者两人的气质或性格存在根本的差异，或者努米托指定一个、普通百姓推选一个为首，那么所有的问题都迎刃而解了。然而，事实上，他们不存在任何差异。他们是双生子，出身一样，不存在谁贵谁贱。他们的身高、力气、功绩以及勇气都很相似。在推翻阿穆略的斗争中，他们一样勇敢，一样担当。现在，他们在百姓中的威望不分伯仲。一直以来，我们已经习惯了相信罗慕路斯更杰出，原因在于我们把这个名字和他之后成就的丰功伟绩联系到一起了。于是，我们很难公平地看待他们。不过，在那个时代的人们看来，他们确实水平相当，难分高下。这时，他们追逐权力，向往荣誉，那么狂热，所以他们已经不能和平相处了，尽管认定他们孰优孰劣是一个难题，但这个难题必须解决。

第九章 罗马城建立

对于建造新城的地址,罗慕路斯和瑞摩斯各持己见,无法达成一致。瑞摩斯认为他没有理由向罗慕路斯妥协,而罗慕路斯同样也不愿向瑞摩斯妥协。实际上,谁妥协就意味着承认对方更厉害,从而影响拥护者的选择和归属。后来,尖锐的分歧演变为一场激烈的争吵。最后,罗慕路斯和瑞摩斯不想彻底决裂,就决定请努米托裁决,并同意以努米托的意见为准。他们盼着努米托能亲自来现场调查,如果他能决定建造新城的地址就最好了,这样一来,他们的分歧也就戛然而止了。

然而,因为罗慕路斯和瑞摩斯的实力相当,所以精明的努米托不愿贸然评判他们孰优孰劣,而是安抚了他们,然后建议他们通过占卜的方式解决分歧。占卜就是通过预兆来获得神谕,从而确定对策。占卜的形式多种多样,最常见的就是观察空中的飞鸟。

瑞摩斯和罗慕路斯都同意努米托的建议。他们分别在帕拉坦丘和阿瓦丁丘上选了一个位置来观察秃鹫。意大利的秃鹫多住在亚平宁山顶。在复杂的动物世界,秃鹫从高耸的峰顶或在飞翔过程中,寻死尸为食。这些死尸可能是战死沙场者的尸体,也可能是由于意外死亡或老死的牛、羊以及森林里的野生动物的尸体。一旦发现死尸,它们就会饕餮一顿。正如文明世界的葬礼对人类的意义一样,在努米托那个时代,亚平宁山上的秃鹫的使命就是为意大利的所有动物举行葬礼。

为了使秃鹫更好地完成这一使命,上天赐予它们一双强壮、有力的翅膀。这样一来,它们就能飞越漫漫长途,并且在必要的时候飞到高海拔区域。总之,无论什么时候,无论距离多么遥远,无论尸体所在之处多么隐蔽,秃鹫神秘的、非凡的器官总能让它们很快找到尸体。在本能的驱使下,秃鹫有时飞过一座座高山,有时慢慢地盘旋在辽阔的平原的上空。它们仔细寻觅,直到确定目标。无论目标暴露在田野里,还是隐藏在森林、灌木丛、峡谷等隐蔽的地方,秃鹫都能很快找到。

一定程度上,每次秃鹫的数量、出现的位置以及飞行的方向,都是努米托那个时代的人们寻求预兆的依据。因此,经过谨慎的挑选,罗慕路斯和瑞摩斯各自选定了观鹫的区域。最后,在随从和朋友的陪伴下,他们开始观察。他们已经达成一致,新城最终在哪里建,取决于一方观察到的预兆。

然而,遗憾的是,诠释这些预兆的标准太含糊了,完全违背了他们占卜的初衷。无论什么裁决,顺利进行的前提条件都是裁判的标准非常清晰。不过,古代对预兆的阐释很容易受到其他因素的影响。罗慕路斯和瑞摩

第九章 罗马城建立

斯分别在帕拉坦丘和阿瓦丁丘观察,但没有一个看到秃鹫的踪影。一直到傍晚,他们还是一无所获。于是他们在丘上过了一夜。第二天早上,一位使者从帕拉坦丘来到阿瓦丁丘,告诉瑞摩斯说罗慕路斯那边已经看到了秃鹫。瑞摩斯并未相信他的话。很快,瑞摩斯也看到了秃鹫。

罗慕路斯和瑞摩斯观鹫。绘于1520年左右,绘者信息不详

罗慕路斯

最后,瑞摩斯先看到六只秃鹫,罗慕路斯后看到十二只秃鹫。这时,双方停止观望,聚到一起商议。然而,这次的商议非但没有解决之前的分歧,反而使分歧进一步加深了。是先看到六只秃鹫的预兆吉利,还是后看到的十二只秃鹫的预兆吉利呢?也就是说,解读预兆的标准究竟是秃鹫的数量还是秃鹫出现的先后顺序。其间,罗慕路斯和瑞摩斯都变得比之前更愤怒了,而他们的随从纷纷布阵。很快,商议演变为公开的冲突。罗慕路斯和瑞摩斯互殴,标志着冲突的开始。这时,将他们从婴孩抚养长大的养父浮士德勒,出于对他们的关爱,为了阻止二人的打斗,就冲到他们中间,却不知被谁不小心刺死了。浮士德勒的兄弟普莱斯提努斯也一直照看他们,他支持瑞摩斯。在这场暴乱中,他遇袭身亡了。

最终,暴乱平息了。结果表明,罗慕路斯和他的支持者更强大。于是,罗慕路斯开始在帕拉坦丘建城。城的轮廓线被标出来了,挖掘工作在盛大的典礼中有条不紊地进行。

进行城市规划布局时,人们首先要确定"波米里姆"(pomoerium)。"波米里姆"是象征性的城墙,是在距离真正的城墙很远的地方,用犁绕城简单地犁出一条沟来。这条沟就相当于城界线。城界线不是防御线,而

第九章 罗马城建立

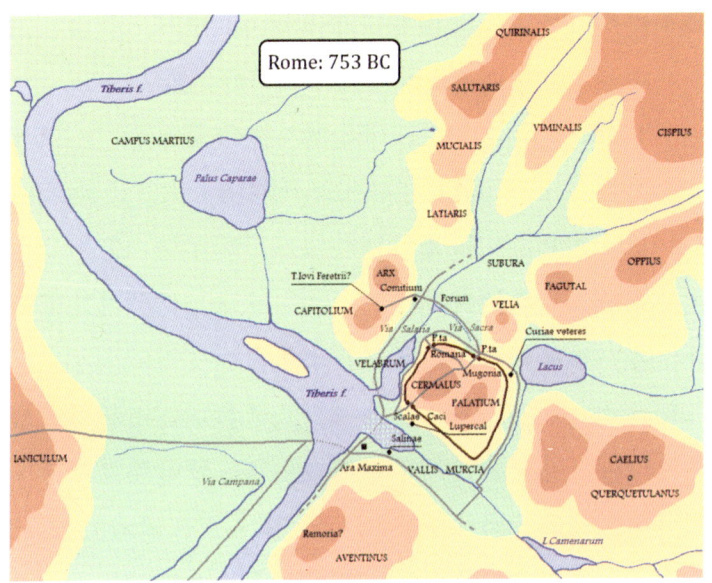

公元前753年的罗马城。图中的黑线就是"波米里姆"(pomoerium)。绘者信息不详

是标识城的范围,执法和庆典都在这个范围内举行。当然,"波米里姆"囊括的范围比真正的城墙囊括的范围更大。人们获准在"波米里姆"以外建造房屋。不过,敌人来袭时,波米里姆"以外的居民无法得到城墙的保护,于是不得不舍弃房屋,撤到城墙以内。

这时,罗慕路斯一边划定"波米里姆",一边忙着筹备各种庆典。犁是铜制的。拉犁的是两头同轭的牛,一头是阉牛,一头是母牛。有专人跟在犁后面,小心翼翼地将犁出来的土推到城门外面,在庆典中,这是一个

171

必不可少的环节。经过那些通往城门的路时,犁会被抬离地面越过,从而确保路上的草皮完好无损。

罗慕路斯划定的"波米里姆"大致呈方形,不仅涵盖了帕拉坦丘,还囊括了帕拉坦丘周围一大片土地。

尽管在暴乱中罗慕路斯貌似赢了瑞摩斯,但他们之间的矛盾并没有因此而彻底解决。承认哥哥罗慕路斯更胜一筹?瑞摩斯不愿意承认!于是,他变得闷闷不乐,郁郁寡欢,惴惴不安了。他哪有心情参加建造新城。最后,一件具有转折性质的事情发生了,罗慕路斯和瑞摩斯兄弟相残的状态终结了。一天,工人正在建造的城界。一旁的瑞摩斯先是用各种方式肆意表达对新城规划的看法,接着轻蔑地点评工人们正在建造的城墙。此时,罗慕路斯就在现场。为了证明城墙的不足,瑞摩斯直接跳过一段犁沟,然后说:"敌人会这样跳过这堵墙。"罗慕路斯夺过工人手中的一把鹤嘴锄,将弟弟瑞摩斯打倒在地,并说道:"他们胆敢越过这堵墙,我就这样杀了他们。"瑞摩斯死于非命。

罗慕路斯刚打倒瑞摩斯,就开始追悔自己的鲁莽行为了。他非常痛苦,在一段时间内茶饭不思,无法入眠。他为瑞摩斯、浮士德勒以及浮士德勒的兄弟普莱斯提努斯举行了隆重的葬礼,向他们表达崇高的敬意和深深的

第九章 罗马城建立

歉意。为了抚慰亡灵,防止他们回来报复,他举办了一系列宗教仪式。那些回到人间报复活人的亡灵被称为"勒穆瑞斯(lemures)"。这些宗教仪式被罗慕路斯称为"驱魂灵"(Lemuria)。在之后的罗马历史中,每年都会举行这些宗教仪式。

确切地说,罗慕路斯究竟怎样抚慰弟弟瑞摩斯的亡灵的,现在已经不得而知,因为没有相关的历史记录。不过,后来,"驱魂灵"的仪式在罗马延续不断,不少作家都有过记录。罗慕路斯首次举行"驱魂灵"仪式是在5月。这成为传统,传之后世。驱魂灵的仪式通常会持续三天,或者说持续三晚。因为一些特殊的原因,这三晚是间隔开来的,不是连续的,分别是5月9日、11日和13日的晚上。"驱魂灵"仪式之所以在晚上举行,是因为人们认为,妖魔鬼怪习惯在晚上外出,他们四处游荡,麻缠人,吓唬人,报复人。

一般来说,"驱魂灵"仪式从午夜开始。这时,父亲会起床走出房间,打一些手势,发一些信号,人们认为这样能使鬼怪离远点儿。接着,他会用清泉之水洗三次手,在嘴巴里塞满一种鬼怪特别喜欢的黑豆。然后,他就开始行走,边走边将黑豆从嘴里取出来扔到身后。据说,当黑豆被扔到地下时,鬼怪会捡起黑豆。其间,父亲绝不能回头。接着,父亲会说一些费解的话,然后再洗一次手,洗完就开始敲击铜盆,制造恐怖的声音。与此同时,父亲大喊,"房里的鬼怪都滚开",连喊九次。据说,这样就可以赶走妖魔鬼怪。这种观点经常得到证实,因为这样大声嚷叫后,人们环顾四周,就会发现鬼怪已经被赶走啦。

"驱魂灵"仪式举办后,罗慕路斯觉得已经抚慰了弟弟瑞摩斯、养父浮士德勒以及浮士德勒的兄弟普莱斯提努斯的亡灵。从他儿时起,浮士德勒和普莱斯提努斯就一直照顾他。现在,他的心终于平静下来了,然后开始将注意力转向新城的建设。当然,瑞摩斯死后,他的追随者也不再和他作对,逐渐成为普通的百姓。罗慕路斯成为新城的唯一领袖。过不了多久,他就会制定各种措施,充分有效地治理新城了。

瑞摩斯死后,罗马开始流传一个故事,内容是一个叫塞勒尔的人杀了瑞摩斯。不过,这个故事没有得到人们的普遍认可。据说,这个故事要么是罗慕路斯,要么是他的追随者杜撰的,目的是一定程度上减少罗慕路斯杀弟的行为可能招致的谴责。罗慕路斯与弟弟瑞摩斯的关系一直很好。他们自幼相伴,一起躺在妈妈的臂弯里睡觉,一起被放在木槽里漂到台伯河下游,最后又受到

浮雕：古罗马人正在举行驱魂灵仪式。浮雕作者信息不详

同样的看顾得以死里逃生。从婴孩、幼年到少年，瑞摩斯是罗慕路斯不变的伴儿。因此，与任何一起杀害兄妹的罪行相比，罗慕路斯的罪行更残暴，因为瑞摩斯与罗慕路斯的关系比其他普通兄弟的关系更亲近。

第十章

治理罗马城

精彩看点

罗慕路斯开建罗马城的确切年份——马库斯·英伦休斯·瓦罗——反向推算——科罗布斯参加奥林匹克运动会——奥林匹克运动会举办的时间——罗慕路斯的罗马城简陋、古朴——罗慕路斯决定拥有自己的王国——罗慕路斯的演说——罗慕路斯称王——神认可的预兆出现了——治理百姓——组建社会基本结构——罗马的制度是后来发展起来的——等级分层制——平民阶层与贵族阶层——罗慕路斯制定法律

第十章 治理罗马城

现代史学家对罗慕路斯开建罗马城的确切年份进行了大量商讨,产生了不少争论。商讨过程中,遇到的难题是,那个年代的人们不会常规记录政事,而现代人会系统地保存所有重大事件的相关信息,于是,大事及其发生的时间和参与人员的确切信息都被记录在册。至于人类早期的重大事件,只能通过口口相传的方式为后人所知。这种方式极少关注信息的准确性和真实性,只关注信息的娱乐性,因为它们的作用仅仅局限在引起后代听众对故事的兴趣和好奇,从而给他们带来快乐。越是稀奇古怪、充满浪漫色彩的故事,就越符合叙述的目的。古人很少关注日期和名字等这些简单信息的真实性。对于瑞亚·西尔维娅诞下双生子这种真实发生的事,他们倒记得很清楚,甚至在讲述过程中还会虚构很多细节来润色。因此,这个故事代代相传,直到现代,其细节都描述得很清楚。然而，至于它是什么时候发生的，人们则完全不关心。这是因为，即便加上日期，它也不会多一分浪漫。就这样，日期被忽略、被遗忘了。

然而，后来，当人们开始进行常规的编年史记录时，学者们开始试着将年代从后往前推算，从那些日期已知的事情开始，然后通过对前人的各项非正式叙述的原始数据进行演算，最终推断出古代那些事件的发生时间。通过这种方式，人们计算出罗马城的建造时间应该是在公元前754年。按照这种算法，罗慕路斯开始建造罗马城的时候只有18岁或20岁而已。如果事实真的是这样，那么罗慕路斯的年龄倒是可以赦免他的一部分罪过，毕竟人在中年时故意杀人要比18岁时因为年少轻狂冲动杀人更不可饶恕吧。

有一位名叫马库斯·英伦休斯·瓦罗的罗马哲学家，他生活在新城建好几个世纪后的罗马。他构想出一种精妙的算法，可以计算出罗慕路斯是在哪一年出生的。借助那个年代特别盛行的占星术，一些博学的占星师能够通过一个人出生时的行星以及其他天体的特点或星相来预测他的寿命长短和时运。对于罗慕路斯，马库斯·英伦休斯·瓦罗的想法是反向推算，也就是通过一个人的生平事迹推断他出生时的星相情况。他请了一名非常著

第十章 治理罗马城

马库斯·英伦休斯·瓦罗。绘者信息不详

名的占星师来处理这个问题。也就是说,只要向占星师讲述一个人身上发生的大小事件,他就能推断出这个人出生时的状况。具体到罗慕路斯,占星师要计算他出生时太阳、月亮和星星的相对位置是怎样的。正如马库斯·英伦休斯·瓦罗判断的那样,占星师确定罗慕路斯

罗慕路斯

出生的星相后,天文学家就能根据该星相计算出罗慕路斯出生的确切年月。

现在,一想到那个时期,人们就会想到四年举办一次的奥林匹克运动会。奥林匹克运动会始于一个叫科罗布斯的人在希腊获得了竞走比赛的胜利,而这次比赛正是现代奥林匹克运动会的雏形。此后,奥林匹克运动会每四年都会举办一次,而且变得越来越闻名遐迩。后来,编年史学者和历史学家根据科罗布斯参加比赛这个事实,确定比赛的时间是公元前776年。而马库斯·英伦

古代奥林匹克赛场。绘者信息不详

休斯·瓦罗的占星师计算的以及天文学家推断的结果都表明，罗慕路斯一定出生于第二届奥林匹克运动会举办的那一年。第一届奥林匹克运动会的举办时间是公元前776年，举办周期是四年一次，那么第二届奥林匹克运动会的举办时间就应该是公元前772年，也就是说罗慕路斯出生于公元前772年。然后，按照这个年限再往后推十八年，那么罗慕路斯开始建造罗马城的时间就应该是公元前754年。根据现代观点，年代学的这种计算方法似乎太过荒唐可笑，于是，我们不得不怀疑马库斯·英伦休斯·瓦罗的研究是否科学、可靠，甚至怀疑他根本不是按照星相法计算的。无论事情的真相如何，尽管之后还有很多博学之士给出了其他年份，但瓦罗推定的罗慕路斯出生年月已经被人们普遍接受了。

据早期作家的描述，罗慕路斯和他的同伴建造的罗马城极其简陋和古朴。我们猜想，他们当时应该还都是孩子。就罗慕路斯的年纪和阅历而言，我们可以想象出，他麾下的士兵应该不会比他大多少。他们修筑的城墙可能就是用石块堆起来的栅栏，建造的房屋可能就是简陋的小屋和茅舍。据说，罗慕路斯的宫殿也是用灯芯草造的。事实也许是，宫殿之顶是用灯芯草搭建的；也许是在表明，早期社会有一种建筑材料，就是将麦秸秆、灯

罗慕路斯

芯草或其他一些类似的材料与泥土或粘土搅拌,从而使它们粘在一起,之后在太阳下晒干。与没有加入这种材料的墙相比,这种墙更坚固。

无论当时的情形究竟如何,对那个时期的观望者来说,罗慕路斯和他的同伴建起来的那个满是小屋的村庄,其实充其量是一次建城的拙劣的尝试。实际上,如果正如他们所说,罗慕路斯那个时候只有18岁,那么城的建造只能被看作是一群轻率、欠考虑的男孩们的嬉闹,而不能算是男人们正儿八经的事业。然而,不管别人是怎么看待这座城的,罗慕路斯本人是非常认真的。作为一个王子,他为自己的出身感到自豪。他欣赏自己的智慧,渴望执掌权力。于是,他决定拥有自己的王国。

然而,到目前为止,罗慕路斯还没有获得统治这些百姓的权力,而只是被看作一个暂时拥有一定职权的首领。据说,城和房屋一建好,他就集合百姓,商议应该怎样建立政权。罗慕路斯先是发表了特别适合这种场合的演说,然后引入了该议题。古代一位历史学家记录了他的演说。无论演说的内容究竟来自罗慕路斯本人,还是来自历史学家的杜撰,现在已经没有必要弄清楚了。

据这位史学家记录,罗慕路斯的演说如下:

第十章 治理罗马城

现在我们已经建好了城，就目前而言，这已经达到我们能力的极限了。但我们必须承认，如果凭着现在的城墙的高度、结实度来抵御强敌的突袭，那么我们的前景不会太乐观。我们要知道，城墙不是真正靠得住的东西。没有哪一座城墙能高到让敌人无法攀越。不管是护墙还是堑壕，都靠不住，我们能依靠的只有城里的人。因此，我们必须依靠自己，依靠我们的英勇、纪律、团结与合作。一个国家的安全与繁荣，靠的就是人民的勇气与力量，而不是外再的防御设施。

可以这么说，我们的伟大事业还没有完成。我们必须组建一个政府。在政府之下，我们要立法，维护秩序，约束我们的行为。这样一来，面对未来可能出现的战争或和平，我们就能够做好准备。现在，你们需要考虑的是，我们应该建立一个怎样的政权。我已经调查过，政府组织形式是多种多样的，我们要选取一种。我们的政府应该由一个人来管理，还是我们应该从百姓中选出一定数量的聪明、勇敢的人，然后由他们集体来管理？或者是第三种，我们是否应该把政府全部交由百姓来管理？每一种组

罗慕路斯

织形式都有优点,但也有弊端。你们必须从中选择。一旦你们选好了,那么无论这种形式究竟如何,我们都要团结一致,共同维护。

听完罗慕路斯的话,人们展开了讨论,结果是罗马城应该像阿尔巴隆加一样实行君主制,由罗慕路斯为王。从继承权的角度来说,作为王子,他本就是王的后代,是王室之尊,是王权的继承人。他凭着自己的本事,证明他有资格拥有这种权力。他勇气可嘉,精力旺盛,英明睿智,而且受到百姓爱戴。因此,大家一致决定,支持罗慕路斯为王。接着,喝彩声响了起来,经久不息,这表明了人心所向。

尽管百姓们达成了一致,诚挚地要求罗慕路斯登上王位,但罗慕路斯却流露出一丝不愿和犹豫。对任何一个时代顺应民意、登上王位的人来说,这都是很正常的。他很感激百姓们的信任,但在民意没有得到神认可之前,他既不愿接受王的权力,也不愿履行王的责任。因此,他决定通过举办隆重的宗教仪式来获得神启。于是,罗慕路斯就来到城外的平原献祭。其间,神认可的预兆出现了,一束超自然的光芒照在罗慕路斯手上。至少传下来的故事中说人们看到了那样一束光。这就表明,罗慕

第十章 治理罗马城

罗慕路斯登基为王，向罗马人公布法律，治理罗马城。伯纳德·冯·奥利（Bernard van Orley，约 1487—1541）绘

路斯有权登上王位。因此，罗慕路斯也就不再拒绝，开始以王的名义治理罗马城。

　　罗慕路斯继位后，首先关注的是治理百姓和组建社会基本结构。到目前为止，在他的阵营里，什么人都有，且差异较大。大部分百姓过着低贱、穷困的生活，其中有无知的农民、愚人以及难以管理的心性不定之人。此外，还有一些心性不定之人，譬如小偷、盗贼以及各类

罗慕路斯

违法分子。与此同时,城里还住着一些有名望、有地位的人。阿尔巴隆加许多富有的家庭的孩子也加入了罗慕路斯的阵营。随着罗马城的大规模建设的顺利进行,越来越多的普通百姓和地位崇高的人来到罗慕路斯的队伍中。因此,正式形成王权后,罗慕路斯发现他的国家还有一群品德高尚之人。然而,他们和其他人混杂在一起。因此,他认为应该采取一些措施将这些人分别安置。

其实,罗慕路斯统治初期,并没有规划好传之后世的制度,而罗马的制度是之后的岁月里逐步发展起来的。推测这些制度的起源时,史学家和哲学家将它们的缘起定格在历史的早期,目的是纪念这座城的建造者,从而通过赞美罗马制度的源远流长来歌颂罗马城的伟大。

如果后人的描述是真实的,那么罗慕路斯建立的政治体制就属于共和制的范畴。这种政治体制就是"等级分层制"。据说,民事首长和军事首长都由公选出来的人担任。首先,百姓们被划入三部分,称为"三省(tribes)",tribes一词源于拉丁字母"tres",意思是"三"。各省分别选出三位既有资历又有权威的人来担任长官。实际上,各省长很有可能是由罗慕路斯挑选的,而百姓无权选举,只有权赞同。试想,面对一群粗鲁无知的百姓,除此之外,各省长还能通过别的方式脱颖而出吗?各部

第十章 治理罗马城

族又分为三十个郡或县。各郡或县会选出长官。于是，官员合计99人，其中9位省长、90位郡长或县长。既然罗慕路斯是经推选而为王的，如果他也算在内，总共就是100位。这些官员组成元老院，元老院充当罗马强大的立法机构。他们及其家族成为高贵的、享有特权的阶层，后人称之为"贵族"。其余人被称为"平民"。

平民阶层主要指劳动人民，社会地位地下，与贵族天壤之别。当然，并非所有的平民都这样。平民阶层也分为两大类，分别是patrons和clients。patrons包括雇主、业主和具有一定威望和资产的人。clients包括依附于贵族的贫民。贫民为贵族提供各种服务，贵族则向贫民付酬，并确保贫民不受欺辱。罗慕路斯通过立法，出台了确定各阶层关系的法律条文，而他的立法成为后世罗马宪法的基础。不过，有一种情况的可能性更大，那就是这些法律条文不是立法者罗慕路斯一次确定的，而是在后来的发展过程中逐步完善的，也许罗慕路斯仅仅给予了关注，然后颁布了一些建设性的法律条文。毕竟在这样一个人口不断增加但社会管理一片混乱的国家，单凭一个人的力量很难制定如此复杂、影响深远的律法。

为了治理百姓，罗慕路斯制订了许多法律。古代历史学家对此做了详细记载，但他们不是为了强调罗慕路

罗慕路斯

斯在统治初期就将政事处理得完美。罗慕路斯统治罗马近四十年。其间，他没有制定什么万世不变之法。他制定的法律都经过探索、修订，直到时机成熟了，才公之于众。

无论如何，可以确定的是，在罗慕路斯时代，秩序、制度和法律的概念引入了罗马，从而为日后罗马的强大、繁荣奠定了坚实的基础。罗慕路斯继位之初，似乎就预见到，社会的无序与骚乱将是他日后面临的最大困难和挑战。毕竟面对这样一群不法之徒，能想到的只有暴乱了。罗马城建好后，那些心思细腻的人越来越不放心了，不确定罗慕路斯是否真的有办法管好这群人，因为他们鱼龙混杂，争强好胜。罗慕路斯已经认识到，这个难题将是他能否获得成功的关键，因此他投入了大量的时间和精力来解决这一难题。

第 十 一 章

罗马人抢妻

精彩看点

萨宾少女被抢——罗马城的居民多数是男性——男人有妻很重要——罗慕路斯向邻国派遣使者——侮辱性的答复——罗马人的怒火——现海神尼普顿的圣坛——罗慕路斯的计谋——准备庆典——竞技、游戏和表演——许多人来庙会——庆典持续了几周——庆典的最后一天——罗慕路斯的信号——罗马人兴奋激动——最后的准备——时机来临——少女们被抢——男人们逃走——插曲——为塔拉西索抢的少女——"塔拉西索"成为一句祝福的话——少女的父兄们勃然大怒——被抢的少女聚集在一起——罗慕路斯的讲话——少女们默许了——库里斯——萨宾使者要求罗马人释放被抢的少女——罗慕路斯拒绝释放

第十一章 罗马人抢妻

没有专门研究过古代历史的人们也一定听说过,为了让百姓能够繁衍后代,罗慕路斯曾发动"萨宾少女被抢"(Rape of Sabines)事件。"萨宾少女被抢"是历史上最暴力、最残忍的事件之一。如果这是真实的,那么所谓的史学家掩藏了罗慕路斯的罪过,从而尽可能地减少人们对罗慕路斯的憎恶。因为按照史学家的描述,罗慕路斯和他的那些追随者不仅率真聪慧,而且爱仁慈。史学家们是这样记述的:

按照罗慕路斯当初募集百姓的方式,人们不难想到最初追随罗慕路斯的大都是男性。上一章讲述法律。法律是社会组织管理发展到一定阶段才诞生的。建城之初,城里多为年轻的男性,传统意义上的家庭模式几乎不存在,存在的是零星的几个中年人的家庭。然而,不可否认的是,正在迅速崛起的罗马城,面临这样的窘况——

罗慕路斯

大部分百姓都是男性。

通常情况下,男性都应该有自己的结发妻子。其一,这对个人的舒适和幸福非常重要,只有男性的社会是压抑痛苦的。其二,男人有妻儿对一个国家的发展和长存很重要。上一代人去世后,下一代人可以延续生命。其三,这有助于维护社会秩序和国家法律。众所周知,整体来说,未婚男性非常难管理。妻儿的存在能让丈夫远离骚动和暴乱。据说,之所以巴黎会发生那么多可怕的暴乱,是因为这里很大一部分人未婚。他们没有家庭,不必担忧无法自卫的妻儿,无所畏惧,放浪形骸,一味地游荡在群众欢聚的街头,寻找机会释放自己的情绪。罗慕路斯深知,要想让罗马城稳定下来,当务之急就是要让百姓娶妻。

罗慕路斯首先采取的措施就是向邻国派遣使者,请求与邻国结盟,缔结条约,允许两国子民通婚。他的请求似乎合情理,礼数也很到位。在使者传达的信息里,罗慕路斯承认自己的罗马城很小,影响力和综合实力比不上邻国。不过,罗慕路斯提醒道,有时看似无足轻重的合作也可能带来意想不到的收获;尽管目前罗马城还没有变得强大,但已经蓬勃发展,加之,罗马城受到了神的庇护,因此,罗马很快就有能力感谢邻国的恩情。

第十一章 罗马人抢妻

然而，邻国的君主不仅拒绝了罗慕路斯的请求，而且嘲讽罗马城的百姓。他们甚至没有给出正式回复。显然，他们将罗马城当成一群不法之徒的临时聚集地了，是不会长久存在的。他们知道罗马城在很短时间内崛起，所以期待它在骚乱中顷刻灭亡。他们还让人给罗慕路斯捎话，让罗慕路斯用那种招募男性兵丁的方法为百姓觅得妻子，也就是说，罗慕路斯重新建造一个庇护所，然后从各国募集低贱、放荡的女人到罗马城。他们甚至说，女流民与男流氓才是绝配。

听到这个消息后，罗马城的年轻人极其愤怒。他们请求罗慕路斯即刻带领他们向邻国开战。这样一来，既可以报复那些侮辱他们的人，又可以用暴力虏获女人为妻，反正和谈解决不了问题。不过，罗慕路斯平息了年轻人们的怒火，安抚了他们的冲动，并告诉他们有更好的办法去雪耻。

罗慕路斯的办法就是邀请邻国和附近的百姓来罗马城，时机一成熟，就去抢女人，然后把男人赶出城。这个办法的难点在于如何吸引人们尤其是少女到罗马城。少女大都比较羞怯，而且她们的父兄很鄙视罗马城。因此，除非罗马人能想出特别引人的办法，否则人们不可能带少女们来罗马城。

罗慕路斯

凯旋而归的海神尼普顿

罗慕路斯冷静了一段时间。现在，怒火平息了，他命人四处宣传有人在罗马城不远的地方挖到了海神尼普顿（Neptune）的圣坛。既没人知道圣坛如何埋到了地下，也没人能说出谁造了圣坛。很快，这个消息就传到了各地。罗慕路斯表现得很重视圣坛，宣称圣坛一定是远古居民造的，具有重大意义。因此，为了庆祝圣坛现世，他决定举办隆重的庆典。

第十一章 罗马人抢妻

人们开始紧锣密鼓地进行各种准备工作。罗慕路斯建议，除了必要的宗教仪式，罗马城附近可以办一场庙会。百姓们支起货摊，邀请邻国商人来售卖商品，想购物的人可以来这里选购。总之，罗马城的百姓为庆典做足了准备。

到时候，庙会上还会有各种游戏、竞赛、摔跤以及其他一些盛行的竞技项目。庆典将持续数天，游戏和竞技项目安排在最后。罗慕路斯派人去邻国，宣传庙会上的娱乐项目，邀请人们前来。罗慕路斯巧妙地安排了庆典的各个细节，一开始的祭祀活动主要针对严肃持重、身份尊贵、地位隆重的男性，接下来是轻松的娱乐项目。罗慕路斯之所以这样安排，是因为他知道天真无邪的年轻人特别喜欢娱乐项目，从而吸引少女前来。

庆典的日子到了。很多人来到罗马城。正如罗慕路斯预料的那样，来到罗马城的主要是男性。男人们纷纷结伴而来，好像是在寻求彼此的支持和保护，而且或多或少表现出怀疑、警惕和不信任。即便如此，罗马城的百姓还是热情接待了他们。他们参观了罗马城，惊讶地发现罗马城好大。虽然街道、房屋、城墙和神殿的结构简单，但已经远远超出了他们的预想。所有的参观者都受到热情款待，而且款待的规格相当高。这里的妇女和孩童更是受到罗马人的特殊照顾。

随着庆典的进行，参加庙会的人的心情产生了很大改变，不像之前那样警惕和多疑了。一部分参观者返回后，四处传播罗马城的壮观和罗马人的友好。于是，来参观罗马城的人就变得络绎不绝了。时间一天天过去了，来罗马城的成年男性越来越少，而天真、爱玩的少女越来越多了。

罗慕路斯严格要求罗马人要热情好客。只要客人们愿意，就可以自由出入城门。于是，为了让他们留下来，罗马人表现得友好、殷勤，不断设计新的竞技和娱乐项目。这种状况持续了两三周。其间，罗马城俨然成了周边百姓观光的胜地。与客人们攀谈中，罗马人与他们熟识了，甚至惺惺相惜了。最后，罗慕路斯还没有下达什么命令，罗马城的男人就选好了中意的少女。时机一成熟，他们就能立即抢到女子为妻。加之，这些少女已经与他们熟悉，所以即使被抢，也不会特别排斥和抗拒。

所有细节已经策划好了，罗慕路斯决定在庆典最后一天实施抢少女的计划。到时候，庙会上有壮观的表演。罗慕路斯令罗马城的男人带着兵器来观看表演。兵器藏在袍子下面。罗慕路斯坐在十分显眼的宝座上，罗马城的男人能随时看到他。一旦时机成熟，他就会脱下宽松

第十一章 罗马人抢妻

的斗篷,叠好之后再迅速抖开,这就是行动命令。在罗马人的观念里,白底紫条纹的斗篷是忠诚的标志。无论在何种场合,只要挥动这种斗篷,人们很快就能注意到。因此,罗马人通常用它来发号施令。

一切都安排妥当,所有人都聚拢在一起观看游戏和表演。与此同时,罗马人非常焦躁,紧盯着中意的少女,一边慢慢靠近,一边注视着罗慕路斯的斗篷,一俟信号发出,就立即动手。此时,男性客人们都已经放松了警惕,沉浸在欢乐之中,丝毫没有意识到有事要发生。他们的妻子、母亲和孩子安全无虞。因此,没有人察觉到危险。罗慕路斯已经下令,禁止罗马人不准骚扰已婚妇女。这几天,罗马城的男人充分利用时间,已经摸清哪位少女还没有成婚,以防错将已婚妇女抢回家。

发信号的时刻到了,罗慕路斯脱下披风,叠好,抖开。罗马人见状,抽剑,然后朝中意的少女冲去。很快,人群就陷入了混乱。客人们都意识到中计了,但一时又想不出罗马人意欲何为。大多数客人都没有佩戴武器。面对突如其来的袭击,他们毫无防范。惊慌失措之中,他们的唯一念头就是带着妻儿赶紧逃离。罗马人尽力不伤人,让客人们带着妻儿逃走。实际上,这正是罗马人原先就想好的策略,抢少女的同时让其他人远离罗马城。

罗慕路斯脱下披风,看好,抖开,发出抢萨宾少女的信号。抢萨宾少女立即开始。尼古拉·普珊(Nicolas Poussin, 1594-1665)绘

罗马人看到罗慕路斯路发布的信号后,立即抢自己中意的少女去了。皮得罗·达·科尔托纳(Pietro da Cortona,约1596—1669)绘

大多数客人都没有佩戴武器。面对突如其来的袭击,他们毫无防范。惊慌失措之中,他们带着妻儿赶紧逃离。雅克·斯特拉(Jacques Stella, 1596-1667)绘

客人们惊恐地带着妻子逃走，而罗马人则带着抢来的少女回到罗马城。

其实，读到这段离奇的历史时，我们情不自禁想知道，罗马人突然抢少女，强行将她们带回罗马城，那她们是什么反应。她们是狠狠挣扎了一番还是很快就顺从了呢？显然，她们的抵抗是徒劳的。罗马城的年轻男人轻而易举就抓获了她们。她们也许试着抵抗了，但很快就发现根本无力抗衡罗马蛮夫。但我们必须承认，如果少女的意志足够坚定，那么即使路遇劲敌，她们也会设法保全自己。事情的真相如何，我们已经不得而知。如果不了解后来的事情，我们就无从评论。

罗马人抢少女的过程中，一个小插曲发生了。很长一段时间里，它使人们津津乐道。最终，它演化为罗马人婚礼的一部分，之后的几个世纪里一直保留。事情是这样的，一个出身低微的罗马年轻人抢到一个非常漂亮的少女。在母国，少女的身份尊贵。他带女孩回到罗马城。几个罗马贵族看到少女，纷纷觉得他不配娶她为妻。于是，他们开始追逐男孩，想要抢夺这个美丽的少女。这个罗马年轻人边逃边喊："塔拉索（Thalassio）"。塔拉索又叫塔拉西索（Thalassius）。这就表明，这个美丽的少女是他替塔拉西索抢的。塔拉西索是一位很有名气的

罗慕路斯

年轻的罗马贵族。罗马人都认识他、尊敬他。一听到塔拉西索的名字,那几个罗马贵族就不追了。于是,出身低微的罗马年轻人成功地带走了女孩。后来,人们听说这件事后,纷纷赞他机智,恭喜他娶到妻子。从此之后,"塔拉西索"就成为婚礼上常用的吉祥话。参加婚礼的客人都会说"塔拉西索",向新人送上祝福。

罗马人抢了少女后,罗慕路斯及时下令,回城之后,严禁伤害她们,好好招待她们。少女们被抢时或多或少都受到了惊吓。不过,虽然她们成了"俘虏",却受到

少女们被抢时受到了惊吓。约翰·海因里希·舍费尔德(Johann Heinrich Schönfeld,1609—1684)绘

第十一章 罗马人抢妻

贴心的照顾。抢她们的人没有骚扰她们。到了夜里,她们慢慢平静下来了。第二天早上,她们已经很镇定。她们的父兄带着妻儿逃回国后非常气愤,没想到罗马人竟敢如此欺骗他们。同时,他们非常担心自己的女儿会遭遇不测。于是,他们赶紧聚到一起,商量各种解救少女们的可行性方案。那个晚上,罗马城中的少女们忐忑不安,她们的父兄备受煎熬。唯一不同的是,随着夜色褪去,少女们的不安逐渐消失,而她们父兄的愤怒却越来越强烈了。

清晨,罗慕路斯命人把所有少女带到跟前。然后,她向受惊的少女们道歉,并向她们解释了这种无奈之举的来龙去脉。

罗马人将你们抢回,只想娶你们为妻,与你们缔结婚姻的圣约,而不是想让你们难堪。因此,你们不要把被抢当成耻辱。你们可能对罗马人的手段不悦。其实,你们应该感到自豪,因为你们激发了罗马人心中的爱意。我可以向你们保证。你们嫁来会享受到父家那般的尊重和爱。为了带回你们,罗马人采取的手段有点儿粗鲁,但类似的事情以后绝不会发生。请原

罗慕路斯

谅我们的无奈之举。如果你们非要怪罪,那也别怪罪我们。我们曾提出联盟的协议,但你们的父兄拒绝了我们,我们别无他法,只好出此下策。如果不是这样的话,我们永远都得不到你们。最后,我想说的是,如果你们愿意嫁到罗马,你们的未来一定会好得让人艳羡。我们不要你们当囚犯,不让你们作奴隶,也不会侮辱你们,我们是为了让你们在日益强大的罗马城里享受尊贵。罗马城一定会强盛。到那时,你们就是这座城的荣耀和魅力所在。

罗慕路斯说这番话时,罗马城的年轻人就站在他的身旁,他们既激动又兴奋。少女们的心渐软,恨意渐消。实际上,无论是哪个年代,女性都乐意为男性开脱。在爱的名义之下,不管男性犯多大错,都可以获得她们原谅。听完罗慕路斯的话,少女们开始觉得罗马人的所作所为情有可原。很快,她们就同情、理解罗马人,最后同意嫁给他们。这些少女有五六百人,大部分人都是萨宾人。萨宾城位于罗马城以北的库里斯(Cures)。两地相距只有二十英里。

这时,萨宾人正紧急商议讨伐的路线,但很快他们

第十一章 罗马人抢妻

就发现自己骑虎难下。他们的爱女还在罗马人手中,所以不能立即采取复仇行动,一旦触怒了罗马人,他们的女儿可能会惨遭杀害。萨宾城没有防御工事。一旦和罗马人开战,萨宾人不敢保证赢得胜利。萨宾人散居各地,所以各地的防御都很薄弱。只要罗马人进攻萨宾,萨宾的各个小城都会很快陷落。考虑到这些因素,萨宾人决定,在诉诸武力之前,首先采取一些温和措施。

萨宾人派使者来到罗马,义正言辞地批评了罗马人的奸诈行径,坚决要求罗慕路斯释放萨宾少女。萨宾使者说:"如果你们把人交出来,我们可以原谅你们的冒犯之举,与你们和平共处。我们还可以缔结盟约,允许百姓们光明正大地通婚。但你们不能用暴力手段掳走我们的女儿。"

萨宾使者的提议似乎合情合理,但罗慕路斯却拒绝接受。因为,现在木已成舟,萨宾少女已经嫁给罗马人。如果假装一切都没发生过,无异于自欺欺人。罗慕路斯回复道:萨宾少女现在已经是罗马人的妻子,罗马人是不会将她们送回的;罗马人的做法是迫不得已;为了让百姓娶妻生子,他别无他法;罗马愿意和萨宾人和平共处、缔结条约。但这些少女已经完婚,缔结条约的前提不能否认婚约的存在。

罗慕路斯

萨宾人不接受罗慕路斯的提议,但他们又不能发起军事行动。因此,萨宾人只好继续同罗慕路斯协商。然而,交涉过程中,萨宾人发现,罗慕路斯一直在训练军队,加强防御工事,积极备战。显而易见,这对萨宾人特别不利。

罗马人发现,他们抢回的年轻妻子就是一笔巨大的"财富"。他们抢少女的计谋相当成功,现在他们都有妻子了。后来,这种野蛮的抢妻行为成为罗马人婚礼的一部分。新娘来到夫家门前时,新郎就会抱起新娘一起跨过门槛。人们用这种方式来纪念他们的祖先。

第十二章

萨宾之战

精彩看点

阿克隆——凯尼纳——凯尼纳距罗马很近——阿克隆仇视罗马——阿克隆的计划——罗慕路斯与阿克隆决斗——观战者的猜测——罗慕路斯取胜——战果——对后来罗马外交的影响——战利品——罗马人的第一次胜利——吞并克鲁斯图美伦和安登奈——召集克鲁斯图美伦和安登奈两城被抢的少女——罗慕路斯的讲话——罗慕路斯的承诺——罗慕路斯的包容——罗马城势力大增——萨宾人的复仇计划——萨宾备战——提多塔迪乌斯——罗马人备战——最终的谈判——罗马的牧民——凯帕托林山上的要塞——塔尔皮亚——马尔斯广场——塔尔皮亚与萨宾士兵的协议——萨宾人被放入城——尔皮亚被杀——两军在交战——休战——新的战斗——罗慕路斯遇险——库尔修斯与湖——萨宾少女的痛苦——艾尔西莉的计划——萨宾少女进入元老院——萨宾少女的请求——艾尔西莉泣诉——萨宾人与罗马人化干戈为玉帛

第十二章 萨宾之战

罗马人与萨宾人还未达成协议,罗慕路斯就面临新的麻烦了。这个麻烦对罗马威胁很大。邻国一个叫阿克隆(Acron)的首领突然率军入侵罗马。阿克隆统治着一个小国,定都凯尼纳(Caenina)。凯尼纳距罗马只有四五英里。这从侧面说明罗马远不是所谓的罗马帝国。罗马帝国实力强盛,疆域辽阔,举世闻名,而当时的罗马很弱小。

阿克隆大胆心细,精力充沛,意志坚定。他在战场上英勇善战,深受百姓爱戴。一直以来,阿克隆对罗马城虎视眈眈。他担心,如果罗马发展壮大,不久的将来有可能成为他的劲敌。因此,他一直等待讨伐罗马的时机。当阿克隆听到罗马人抢了萨宾少女,顿觉时机成熟。他不断催促萨宾人对罗马开战,并许诺他会调动全部兵力支援萨宾人。然而,萨宾人不想开战,希望通过谈判

罗慕路斯

和平解决与罗马的争端。最后,阿克隆失去了耐心,决定凭借自己的力量消灭罗马。

阿克隆组织了一支残暴的军队向罗马城挺进。罗慕路斯得知阿克隆的计划后,亲自率军出城迎战。两军在距罗马城不远的平原地带对峙。罗慕路斯走在大军的前列,阿克隆也走在大军的前列。两人在能听到彼此声音的地方停下来,蔑视、挑衅对方。最终,他们单打独斗来定胜负。罗慕路斯与阿克隆走到战场中间。双方的军队围着他们站成一个圆,将他们圈在圆中。

罗慕路斯与阿克隆的相貌存在很大的差异,人们对战果非常感兴趣。罗慕路斯非常年轻,身形高大,强健有力,但他的脸上还带着少年的稚嫩。阿克隆身经百战,粗犷勇猛,不苟言笑。围观的将士们都认为这场决斗不公平。但谁也没想到,罗慕路斯获胜了。决斗开始时,罗慕路斯曾对朱庇特起誓,如果打败阿克隆,就将所有的荣耀归于神,把阿克隆大军的武器和战利品运回罗马,献给朱庇特为祭,以此感谢神的庇佑。古代历史学家说,正是因为这个誓言,罗慕路斯才获胜。无论真相如何,罗慕路斯的确胜利了。罗慕路斯杀死了阿克隆。阿克隆的大军丢盔弃甲,四散而逃。罗马大军穷追不舍。

阿克隆举倾国之兵出征,所以凯尼纳现在几乎没有

第十二章 萨宾之战

防御力量。罗马大军不费吹灰之力就攻陷了凯尼纳。之后，罗慕路斯召集了凯尼纳人，宣布罗马人对他们没有恶意，如果他们愿意跟他回罗马，那么罗马人会将他们视为兄弟；凯尼纳人还可以加入元老院，与罗马人一起管理国家。罗马人攻占凯尼纳时，凯尼纳人非常害怕，但罗慕路斯的话很快就缓解了人们的焦虑和恐慌。最后，凯尼纳人同意了罗慕路斯的安排，全都迁往罗马。随着凯尼纳人的加入，罗马的人口增加了，兵力增强了，罗慕路斯在周边国家的声誉和威望极大提高了。

罗慕路斯战胜了阿克隆，统治了凯尼纳，在罗马历史上，这具有重大意义，成为后来罗马外交的典型范例。罗马外交强调军事实力为后盾，对待战俘秉承慷慨、包容。这种外交影响深远，使罗马的疆域从一国扩展到另一国，从一大洲延伸到另一大洲。最后，罗马几乎统治了整个西方世界。

回罗马的途中，罗慕路斯命人砍倒一棵小橡树，修剪整齐它的顶部，截到一定长度，然后把战利品都挂在上面，浩浩荡荡地进了城。罗慕路斯走在大军的中间，头戴桂冠，长发披肩。城里的男女老少有的聚集在城门，有的站在房顶，冲凯旋的大军欢呼。大军入城后，人们在庆祝活动中愉快地度过了一天。这是罗马人取得的第

罗慕路斯

克鲁斯图美伦和安登奈。Crustumenium=克鲁斯图美伦;Antemna=安登奈;Rome=罗马城;Tiberis=台伯河;Sabini=萨宾

一次胜利。后来的岁月里,罗马人不断赢得战争,最终闻名遐迩。

那些挂在橡树枝上的战利品被摆放在罗马城内的高地上敬献给朱庇特。之后,人们特意在那里建了一座神殿。神田非常小,只有五英尺宽、十英尺长。

不久,罗马吞并了克鲁斯图美伦(Crustumenium)和安登奈(Antemnae)。被抢的少女中有的就来自克鲁斯图美伦和安登奈。因此,克鲁斯图美伦人和安登奈人一直等待机会报仇。然而,他们无力大规模作战,只好

第十二章 萨宾之战

招募那些家有兵器的百姓组成游击队,不断袭扰罗马。罗慕路斯没有向克鲁斯图美伦和安登奈发出任何警告,就突然率军出现在城外。克鲁斯图美伦人和安登奈人还没回过神来,罗慕路斯就攻占了两座城。

不久,罗慕路斯将克鲁斯图美伦和安登奈被抢的少女召集到广场集合,这里也是罗马元老院的所在地。这些少女们猜想,她们的同胞侵犯了罗马,现在罗慕路斯要处死她们或者要对她们施刑了。因此,听到罗慕路斯的召集令,她们非常害怕。进入元老院后,她们将脸埋在衣袍里,不停地哭泣。罗慕路斯安慰她们,让她们不要害怕,保证不会伤害她们。罗慕路斯说:

你们的同胞挑起战争,不愿意与我们和平共处。这对他们非常不利。现在他们落入我们手里。然而,我们并不想伤害他们,也愿意因为你们而饶恕他们。因此,我想让你们去邀请你们的家人来罗马生活。这样你们就可以再度享受父女、兄妹和夫妻之乐。我们不会破坏你们的城池,只是派一些居民去你们的城里居住。于是,这两座城就可以永久地并入罗马,而你们的父兄和同胞也可以再度享受幸福、自由以及快乐。我们要你们做的，就是继续爱罗马人，忠于罗马人。在你们的能力范围之内，你们尽力维护罗马的和谐安定。

罗慕路斯处理事情的方式受到各国的关注，他对敌作战的英勇以及对交战国百姓的包容都受到人们的赞誉。很快，许多人公开支持罗马。各国的探险家纷纷涌入罗马城。其中有个名人叫凯里乌斯（Caelius），他是台伯河北岸伊特鲁利亚城（Etrurians）的军事将领。他率军进驻罗马城。短时间内，人口大量涌入。面对这种情况，罗马城必须妥善安置这些人。于是，城外的一块高地被划入罗马城界，接着新建了一座罗马城，称"凯里乌斯"，与那名伊特鲁利亚城的将领同名。罗马的疆界不断向台伯河延伸，最后到达台伯河岸。罗马人先是造了一扇面河的大门，然后沿着河岸筑起一条贯通的防线。

萨宾人一直仇视罗马人。罗马人的宽容和慷慨没有平息他们的怒火。看到罗马越来越强盛，萨宾人充满了嫉妒，就开始筹划大规模进攻罗马。为了致命打击罗马，萨宾人做了大量细致的工作。他们招了兵，筹集了粮草，与有意参战的国家结盟。最后，所有准备就绪了。萨宾

第十二章 萨宾之战

大军来到边界,准备开战。大军的指挥官是提多塔迪乌斯(Titus Tatius)。

萨宾人备战时,罗慕路斯和罗马百姓也没有闲着,而是紧锣密鼓地准备防御。罗马人筹集了作战可能需要的兵器和粮草,拓宽、加固了城墙,并建造了战时必所需的护墙和哨塔。努米托也向罗慕路斯提供了很多必要的帮助,不仅送来了进攻的武器,还送来了防御的器械。事实上,交战双方的准备工作都非常全面。这一切表明,不斗个你死我活,双方都不会善罢甘休。

蓄谋已久、准备充分的萨宾人决定先礼后兵。他们派使者来见罗慕路斯,要求罗慕路斯归还萨宾少女。这只是表面文章,萨宾人当然知道罗慕路斯不可能接受这种要求。确实,罗慕路斯拒绝了。他回复道,萨宾少女现在已经得到妥当的安置,她们生活得很开心、很满足,因此他不会去打扰她们。然后,萨宾人立即进攻罗马。

在罗马城周边,罗马人开垦了土地,其中一部分用于耕种,另一部分用于放牧,而且牧地多于耕地。因为在当时的条件下,人们获得食物的主要方式还是放牧。因此,这一带大都是牧民。萨宾人逼近罗马时,罗慕路斯将牧民召进城,让他们把畜群赶到城后方圈养,从而使他们免遭战乱。因此,萨宾人穿越罗马疆界时,

罗慕路斯

发现城外空空如也，就连他们逼近城门时，都没有遇到任何阻击。于是，萨宾人继续前行。进抵罗马城时，萨宾人发现罗慕路斯已经占据两座没有城墙的山，并在壕沟中部署了强大兵力。这两座山分别是爱斯奎里山（Esquiline）和卡匹托尔山（Quirinal）。帕拉坦山和凯帕托林山本就属于罗马。凯帕托林山现在已经成为一座要塞。要塞四周设有护墙和哨塔。哨塔里的士兵能够俯瞰、监视附近所有的国家的行动。要塞指挥官是塔皮乌斯（Tarpeius），他是罗马贵族。他有一个女儿，叫塔尔皮亚（Tarpeia）。塔尔皮亚介入了后面的大战，因此名留青史。

凯帕托林山西侧，也就是背对罗马城的那侧，有一片宽阔的平地。后来，这片土地被划入罗马疆界，用作阅兵场，被称为"马尔斯广场"（Campus Martius），也就是"战神广场"（War Field）。此时，这里平平无奇，只有安营扎寨的萨宾人。萨宾人的兵力比罗马人雄厚，但罗马人有城墙和防御工事掩护。因此，一时之间，提多塔迪乌斯找不到取胜的可行之法。后来有一天，提多塔迪乌斯的士兵侦察凯帕托林要塞时被塔尔皮亚发现了。塔尔皮亚过来和他们交谈。对接下来发生的故事，史学家的讲述各不相同。实情究竟如何现在已经不得而

马尔斯广场复原图。绘者信息不详

知。一般说法是这样的:

在城墙上发现萨宾士兵后,塔尔皮亚被他们的手镯和戒指深深吸引了。于是,她与萨宾士兵达成协议,如果他们愿意将手上所佩戴的东西,也就是吸引她的那些装饰品相送,那么到了夜里,她就打开门,放他们进入要塞。提多塔迪乌斯得知这一消息后,立即派精兵在夜色的掩护下,悄悄前往塔尔皮亚打开的城。有些史学家坚称,塔尔皮亚实际上设了一个圈套,好

塔尔皮亚她与萨宾士兵达成协议。绘者信息不详

将萨宾人引入陷阱。她已经捎信给罗慕路斯，告知了她与萨宾人达成的协议，希望罗慕路斯秘密派出精兵埋伏在城门，等萨宾人一进城，罗马人就可以俘获萨宾人。如果这是塔尔皮亚的策略，那她就完全失算了。午夜来临，塔尔皮亚为萨宾人打开城门。面对萨宾人的猛攻，罗马人抵挡不住。最后，萨宾士兵兑现了"承诺"，他们把沉甸甸的圆形盾牌扔到塔尔皮亚身上。很快，塔尔皮亚就被压死了。

为了纪念这位少女，人们从凯帕托林山西侧取来一块陡石，被成为"塔尔皮亚石"（Tarpeian rock）。直到今天，它仍然巍然屹立。

虽然萨宾人占领了凯帕托林山上的要塞，但罗慕路斯仍坚守着罗马城。要塞失守的消息传来后，罗马人非常惊慌。罗慕路斯发现罗马城危在旦夕，决定转守为攻，和萨宾人决一死战。罗慕路斯率军冲出罗马城，行至帕拉坦山和凯帕托林山中间地带，选择有利的作战地点，然后与驻扎在马尔斯广场萨宾人对峙。罗马人把罗马城和帕拉丁山作为据点，萨宾人把凯帕托林山的要塞作为据点。

局部战斗打了几天后，决战开始了。为了观战，有的人上了城墙，有的人进了要塞，因为在高处观战就像

罗慕路斯

看地图，能够看清战况。战斗持续了一整天。傍晚时，交战双方都已疲惫不堪，未分胜负。战场上到处都是死去和濒死的将士。第二天，为了照顾伤者、掩埋死者，双方达成一致，暂时休战。

休战期间，清理完战场上的遗骨后，双方鼓舞士气，集结新的力量，准备决战。很快，新的战斗打响，将士们更勇猛、残忍了。双方多次交战，互有胜负，但都不足以消灭对方。一次，罗马人占了上风，萨宾人慌忙逃往要塞。为了趁乱夺回要塞，罗马人穷追不舍。为了阻止罗马人进入要塞，萨宾人从城头和山上扔石头，其中一块砸到罗慕路斯的头部。罗慕路斯失去了意识。罗马人见状，非常害怕，停止追击，赶紧把罗慕路斯带回罗马城。庆幸的是，罗慕路斯伤得不重。他的身体很快恢复，然后继续杀敌。

战斗期间，一件与和湖有关的事发生了。后来，湖划入罗马。战场上，一个叫库尔修斯（Curtius）的萨宾首领与罗慕路斯决战。在他们周围，双方的士兵混战。不久，库尔修斯受伤，血流不止。为了防止被罗马人包围，他赶紧逃跑。罗慕路斯率军追来。库尔修斯逃到一个湖旁。湖面漂着苔藓等物。慌乱之中，库尔修斯完全没留意脚下，竟跌入湖中，消失不见了。罗慕路斯认为他淹死了，于是转身去搜寻其他敌人。殊不知，库尔修斯悄悄地从湖中游了出来。因此，人们把这个小湖命名为"库尔修斯湖"（Lake Curtius）。当地人一直沿用这个名字。后来，湖水干涸。人们填平了湖，然后修了街道，建了房屋。

罗马人和萨宾人持续打了数十天。萨宾少女非常痛苦。她们爱父兄，也爱丈夫，但他们却刀兵相向，而她们却无力化干戈为玉帛。

过了几天，她们终于获得了介入战斗的机会。交战双方疲惫不堪，既无法打败对方，又不愿意向对方妥协。为了夺回女儿，萨宾人做了那么多准备工作，根本无意退兵；被罗马人抢回的少女现在已为人妻，有了新家，生活得很好。因此，罗马人绝不会把她们还回，何况萨宾人残暴、野蛮，一点儿都不尊重罗马人。因此，虽然双方都想停战、妥协，但还是鼓舞士气，准备随时开战。

萨宾少女觉得现在正是介入的好时机。其中有个叫艾尔西莉（Hersilia）的少女，她是罗马史上重要的人物之一。她想到一个介入战斗的好办法，于是赶紧把萨宾少女都召集起来。她谈了自己的计划，即一起去元老院，请求调解双方停战。

萨宾少女带着孩子来到元老院，要求见元老院元老们。门打开后,她们走了进去。之后,她们表现得非常痛苦,请求元老院准许她们去萨宾人的营地,劝说父兄停战,谋求双方和平共处。元老院同意了她们的请求。她们本想带孩子一起去,但罗马人担心她们寻求和平是假,逃走是真。因此,罗马人坚持留下孩子。当然,如果她们有多个孩子,那么罗马人允许她们带走其中一个,希望孩子与她们一起感化萨宾人。

于是,萨宾少女就离开元老院,静静走出城门。她们的头发、衣服凌乱,脸色苍白、忧伤。有的还抱着孩子。她们穿过平地,走向城堡。等了片刻后,她们进入萨宾人的议事大帐。她们放声大哭。恢复平静后,艾尔西莉对萨宾首领们说:"我们都知道,你们为我们而战。我们感受到了你们的爱。但现在我们希望不再有战争。虽然我们是罗马人抢来的,但事已至此,我们已经组建新的家庭,生活得很快乐。我们爱我们的丈夫和孩子。他们尊重我们,善待我们。因此,不要再用战斗的方式表达爱,不要让我们与亲人、骨肉再次分离。以我们的名义开战会让我们生不如死。"

萨宾少女的调解很有效。很快,萨宾人和罗马人开始和谈,毕竟停战是双方所愿。最后,萨宾人和罗马人不再互相仇恨,开始友好共处,缔结盟约。此外,双方

萨宾少女介入战斗。绘者信息不详

罗慕路斯

还商定,两城合并。萨宾并入罗马。提多塔迪乌斯搬到罗马城居住。罗马城成为新王国的都城。总之,萨宾和罗马的和解迅速彻底,简直史无前例。

第十三章

罗慕路斯死亡之谜

精彩看点

罗慕路斯与提多塔迪乌斯共同统治——罗马广场——罗马城发展壮大——卡梅莉亚——罗慕路斯与提多塔迪乌斯的分歧——萨宾士兵抢掠拉维尼——拉维尼使者被杀——罗慕路斯与提多塔迪乌斯来拉维尼赔罪——提多塔迪乌斯被杀——罗慕路斯再次成为唯一的统治者——罗慕路斯之死——谣言四起——普洛库鲁斯——罗慕路斯的灵魂——真相不得而知——过渡期——新君

第十三章 罗慕路斯死亡之谜

萨宾之战结束后,罗慕路斯继续统治了罗马许多年。虽然当时的史学家没有准确、系统地记录那段历史,但已经发生的很多事还是有所体现。罗马经历了种种变迁,虽然局部会出现倒退,但总的来说,罗马及其附属国的人口数量和财富都得到了快速增长。

萨宾和罗马合并为一个国家后的四五年时间里,提多塔迪乌斯与罗慕路斯共同治国。罗慕路斯的住所和议事厅设在帕拉坦山,也就是罗马城最初的建造之地,大部分罗马人都生活在那里。萨宾城主的大本营则设在凯帕托林山,战争期间这里曾被萨宾人所占领。战后,和平恢复了,萨宾人继续住在那里。帕拉坦山和凯帕托林山之间的空地划出来建成了广场,罗马人称这种广场为"罗马广场"(Roman Forum)。该广场之所以设在这里,是因为它位于两座山中间,交通非常便利。后来,就算

罗慕路斯

这片空地建满了华丽的街道和宏伟的建筑，罗马广场还是作为一个开放的公共场所保存了下来。在罗马历史上，罗马广场发生过一些特别有名的事件，所以这个地方为世人熟知。

罗马与萨宾合并之后，人口数量和经济增长极快，罗马迅速崛起，发展速度超过了邻近的任何一个城。毫无疑问，在一定程度上，这要归功于罗马统治阶层。正如前几章叙述的那样，为了维护统治，罗马城建造之初，罗马统治阶层采取了许多措施。那些措施别具一格，展现了罗马统治阶层的智慧，同时对统治阶层提出了更高的要求。统治阶层只有兼具智慧、胆略与豁达，才能收服民心。罗马统治阶层深谙此道，因此落实措施时慎重而果断。萨宾人和罗马人缔结和平条约后，一件事发生了。距罗马不远的卡梅莉亚（Carmeria）人经常成群结队袭击邻国，烧杀抢掠，无恶不作。罗马元老院派使者告诉卡梅莉亚城主，有人控诉卡梅莉亚人，因此要求被控诉的卡梅莉亚人去罗马接受审判。卡梅莉亚人不愿意去。于是，元老院下令开战。很快，罗马人就占领卡梅莉亚城。在这件事中，为了维护秩序，罗马元老院坚持审判庭卡梅莉亚人。事实上，罗马人实施司法权的范围不断扩大。罗慕路斯之后的漫长岁月里，罗马几乎成为

罗马广场。绘者信息不详

罗慕路斯

全世界的仲裁官。

数十年间,提多塔迪乌斯和罗慕路斯共同治理罗马,他们配合得特别默契。然而,后来,对于如何统治罗马,他们产生了分歧,甚至公开了矛盾。最终,一种特别的方式使提多塔迪乌斯结束了生命。事情是这样的:一些罗马士兵抢掠了拉维尼。拉维尼是埃涅阿斯初来拉丁姆时所建之城。拉维尼的百姓向罗慕路斯控诉罗马士兵。碰巧的是,施暴的是萨宾人。罗马人讨论此事时,提多塔迪乌斯想袒护萨宾人。然而,罗慕路斯主张将萨宾士兵交给拉维尼,让他们接受应有的惩罚。罗慕路斯说:"这些人是罪犯,我们不应偏袒。他们应该受到惩罚。"提多塔迪乌斯说:"他们是罗马人,我们不能把他们交给外人。"于是,他们的分歧越来越大。很快,人们开始选边站队。拉维尼人的本意是控诉罗马那些抢劫者。没想到的是,回拉维尼的路上,他们被提多塔迪乌斯派来的人截杀。

拉维尼人非常愤怒,形势开始恶化。罗慕路斯立即派使者去拉维尼。使者对拉维尼人说,罗慕路斯深表遗憾,他愿尽全力替他们讨回公道;他已经逮捕杀人者,很快就交给他们处治。此外,使者说,罗慕路斯会与提多塔迪乌斯亲自向拉维尼诸神敬献赎罪祭,忏悔罗马人

第十三章 罗慕路斯死亡之谜

伏杀友邦使者的罪过。提多塔迪乌斯被迫同意了罗慕路斯的建议,但他心不甘情不愿。他无法公开为杀害拉维尼使者的萨宾人辩护,就假意陪罗慕路斯一同前往,暗地里却谋划解救那几个萨宾人。提多塔迪乌斯和罗慕路斯献祭时,有消息传来,萨宾犯人在押送的途中被救走了。这个消息彻底激怒了拉维尼人,他们认为提多塔迪乌斯是幕后推手。宴会上,拉维尼人用宰杀动物的刀和烤肉扦子杀死了提多塔迪乌斯,然后欢送罗慕路斯回城。

拉维尼人冷静之后,害怕罗慕路斯怀恨在心,就抓了杀死提多塔迪乌斯的头目,然后把他交给罗慕路斯处治。罗慕路斯打发他们回去,并对拉维尼人说,杀死提多塔迪乌斯触犯律法,不容原谅,但提多塔迪乌斯谋杀了拉维尼的使者。因此,提多塔迪乌斯的死就算作赎罪吧。

虽然罗慕路斯的话让罗马城中的萨宾人很愤怒,但他安抚了萨宾人。最后,萨宾人平静下来,默认了罗慕路斯的决定。从此,罗慕路斯再次成为罗马唯一的领袖。

此后,罗马的经济非常繁荣,财富不断增加,尽管偶尔会出现短暂的停滞,但不存在实质性的倒退。当然,罗马偶尔会与外邦发生冲突。这时,无论对方是国王还是平民,罗慕路斯都会传他们到元老院那里讲明缘由。

宴会上,拉维尼人用宰杀动物的刀和烤肉扦子杀死了提多塔迪乌斯。雅克·瑞图(Jacques Réattu, 1760—1833)绘

第十三章 罗慕路斯死亡之谜

如果他们不去，罗慕路斯就会直接付诸暴力，好像他掌握审判权似的。结果对方往往被迫屈服，其领土并入罗马。这样一来，罗马的疆域年年都在扩大。

虽然罗马蒸蒸日上，但这并不意味着罗慕路斯没有敌人。其实，罗马人中就有这样的人。元老院的元老们嫉妒罗慕路斯的权力。他们说，随着年纪的增长，罗慕路斯变得专横霸道。他们对此非常不满。他们还说，在国家管理中，罗慕路斯像是专制独裁的君主，权力实在太大。在公共场合，罗慕路斯穿着紫色长袍，而紫色长袍象征着至高无上的王权。罗慕路斯有一支由三百名年轻士兵组成的近卫军。罗慕路斯在城里走动时，近卫军在前方开路。总之，元老院元老们认为，罗慕路斯爱炫耀，滥用权力。于是，罗慕路斯不断树敌。最终，元老院的元老们都对他不满了。

一天，在元老院元老们的陪同下，罗慕路斯到城外阅兵。突然之间，大雨如注，电闪雷鸣。士兵们赶紧离开阅兵场，避雨去了。罗慕路斯和元老们留在阅兵场附近的湖边。雨停之后，元老们返回城里，但罗慕路斯没回来。元老们解释道，暴风雨肆虐时，一道闪电迸出，击中了罗慕路斯，然后罗慕路斯被火焰裹挟着升天了。

一开始，城中有一半人信了元老们的话，但很快谣言四起。人们纷纷怀疑元老院的元老们趁罗慕路斯的近卫军不在,谋害了罗慕路斯。此外,人们开始猜想元老们是如何处置罗慕路斯的尸体的。一种说法认为,杀人者把罗慕路斯的尸体投进了湖里。另一种说法非常恐怖:元老院的元老们把罗慕路斯的尸体切成小块,每人拿了一部分,藏在衣袍下面,然后扔到其他地方去了。

这些谣言使罗马百姓勃然大怒,纷纷向元老们表达不满。疑点重重,罗慕路斯的死因扑朔迷离。终于,有一天,神给了一点儿启示,揭开了谜团。现代人如何看待无关紧要,重点是当时的百姓对这种启示深信不疑。

普洛库鲁斯(Proculus)是元老院中一位非常杰出、受人敬重的元老。罗慕路斯阅兵时他并未陪同。一天,他召集了罗马百姓,郑重地说,罗慕路斯显灵了,元老们说的是真事。普洛库鲁斯继续说:

> 那时我走到偏僻之地,罗慕路斯的灵魂突然出现在我面前。起初,我非常害怕,因为他披着华丽的盔甲,看起来比一般人高大。
> 我从震惊中回过神来,就问罗慕路斯的灵魂:"你为什么突然离开呢?为什么选择在那个时间以那种方式离开,从而让罗马元老院遭

罗慕路斯在普洛库鲁斯面前显灵。彼得·保罗·鲁宾斯(Peter Paul Rubens, 1577—1640)绘

罗慕路斯

受那么多的怀疑与责难呢?"

罗慕路斯的灵魂回答道:"我离开你们,因为我原本就来自天庭。回归天庭,神是欢喜的。我已经没有待在人世的必要。罗马城已经建好,将来会更强盛。你回去把真相告诉百姓。然后告诉他们,如果勤奋、正直、勇敢,那么罗马终将成为世界的主宰。我不再是你们的国王,而是你们的守护神。"

听到普洛库鲁斯与罗慕路斯的对话,罗马人非常开心,解除了困惑,打消了疑虑。元老们的地位很快巩固了。罗马城又恢复了往日的平静与安宁。人们为罗慕路斯竖起祭台。城里的百姓开始献祭,用各种方式来纪念他。

普洛库鲁斯声称见到罗慕路斯的灵魂,讲述了灵魂与他的对话,在现代人看来,这显然荒诞不经。于是,罗慕路斯究竟是怎么死的就成了未解之谜。

罗慕路斯死后,元老院的元老们开始统治罗马,行使国家权力,但这种状况没有维持很久。大约一年后,罗马百姓就推选出一位新君。

附录
专有名词英汉对照

Romulus	罗慕路斯
Rome	罗马城
Jupiter	朱庇特
Mediterranean sea	地中海
Europe	欧洲
Caucasian race	高加索人种
Cadmus	卡德摩斯
Asia	亚洲
Africa	非洲
Agenor	阿革诺尔
Europa	欧罗巴
Crete	克里特岛
Telephassa	忒勒法
Syria	叙利亚
Phenicia	腓尼基
Asia Minor	小亚细亚
Greece	希腊
Thebes	底比斯

罗慕路斯

Egypt	埃及
Mount Ida	艾达山
Saturn	萨图恩
Mount Etna	埃特纳火山
Mount Vesuvius	维苏威火山
North Greece	希腊北部
Phoenix	菲尼克斯
Cylix	基立克斯
Thasus	赛色斯
Phineus	菲纽斯
Egean Sea	爱琴海
Thrace	色雷斯
Delphi	德尔菲
Pelagon	珀拉工
Minerva	密涅瓦
Dirce	迪尔斯
Mars	马尔斯
Cadmia	卡德米亚
Deity	女神
Jehovah	耶和华
God	上帝
Supreme Being	至高无上全能者
Troy	特洛伊城
Nile	尼罗河
Herculaneum	赫库兰尼姆古城

专有名词英汉对照

Ptolemy	托勒密
Cleopatra	克莉奥帕特拉
Egyptians	埃及人
Aeneas	埃涅阿斯
Aphrodite	阿佛洛狄特
Venus	维纳斯
Peloponnesus	伯罗奔尼撒半岛
Cythera	赛西拉岛
Cyprus	塞浦路斯
Eros	厄洛斯
Anteros	安忒洛斯
Cupid	丘比特
Olympus	奥林匹斯山
Anchises	安喀塞斯
Paris	帕里斯
Phrygian	佛里吉亚
Dardanus	达耳达诺斯
Achilles	阿喀琉斯
Greeks	希腊人
Dardanians	特洛伊人
Pandarus	潘达洛斯
Iris	女神伊利斯
Thetis	西蒂斯
Styx	冥河
Neptune	海神尼普顿

241

罗慕路斯

Carthage	迦太基
Laocoon	拉奥孔
Sinon	西农
Apollo	阿波罗
Ulysses	奥德修斯
Calchas	卡尔科斯
Pliny	普林尼
Tenedos	忒涅多斯岛
Pantheus	潘瑟斯
Cassandra	卡桑德拉
Hecuba	赫卡柏
Ascanius	阿斯卡尼俄斯
Helen	海伦
Sparta	斯巴达
Menelaus	梅内莱厄斯
Creusa	克瑞乌萨
Tiber	台伯河
Hellespont	达达尼尔海峡
Polydorus	波吕多洛斯
Harpies	哈比
Polyphemus	波吕文摩斯
Latium	拉丁姆
Latinus	拉丁努斯
Rutulians	鲁图利亚人
Lavinia	拉维妮娅
Amata	阿玛塔

专有名词英汉对照

Turnus	图努斯
Lavinium	拉维尼
Tyrrheus	伊特鲁斯
Latins	西尔维娅
Sylvia	拉丁姆人
Numicius	努米克尤斯河
Rhea Silvia	瑞亚・西尔维娅
Spring	泉水
Aeneas Silvius	埃涅阿斯・希尔维斯
Lausus	劳索斯
Long Alba	阿尔巴隆加
Iulus	尤路斯
Tiberinus	第伯里努斯
Albula	阿尔布拉河
Alladius	阿拉迪乌斯
Franklin	富兰克林
Morse	摩尔斯
Numitor	努米托
Amulius	阿穆略
Egestus	埃格斯特斯
Antho	安托
Faustulus	浮士德勒
Larentia	劳伦缇雅
Supercalia	牧神节
Palatine Hill	帕拉坦丘
Aventine Hill	阿瓦丁丘

罗慕路斯

Appenines	亚平宁山
Plistinus	普莱斯提努斯
Lemuria	驱魂灵
Celer	塞勒尔
Marcus Terentius Varro	马库斯·英伦休斯·瓦罗
Coroebus	科罗布斯
Olympic Games	奥林匹克运动会
Sabine	萨宾人
Thalassio	塔拉索
Thalassius	塔拉西索
Cures	库里斯
Acron	阿克隆
Caenina	凯尼纳
Crustumenium	克鲁斯图美伦
Antemnae	安登奈
Caelius	凯里乌斯
Etrurians	伊特鲁利亚城
Esquiline	爱斯奎里山
Quirinal	卡匹托尔山
Tarpeius	塔皮乌斯
Tarpeia	塔尔皮亚
War Field	战神广场
Tarpeian Rock	塔尔皮亚石
Curtius	库尔修斯
Lake Curtius	库尔修斯湖
Proculus	普洛库鲁斯